Armin Fuhrer | Christian Nawrocki (HG.)

SCHAFFEN WIR DAS?

Armin Fuhrer | Christian Nawrocki (HG.)

SCHAFFEN WIR DAS?

Ein Plädoyer für mehr Offenheit in der Flüchtlingspolitik

lau verlag

Bibliografische Information
der Deutschen Nationalbibliothek
Die Deutsche Nationalbibliothek verzeichnet diese
Publikation in der Deutschen Nationalbibliografie;
detaillierte bibliografische Daten sind
im Internet über http://dnb.d-nb.de abrufbar.

ISBN 978-3-95768-179-9

Internet: www.lau-verlag.de

Umschlagentwurf: Lau-Verlag & Handel KG, Reinbek
Satz und Layout: Lau-Verlag & Handel KG, Reinbek
Druck- und Bindearbeiten:
GK Druck Gerth und Klaas GmbH & Co. KG, Hamburg
Printed in Germany

Inhalt

Vorwort 9

Das Lachen der Kinder stirbt zuletzt
Von Armin Fuhrer 17

Das Böse bloßstellen
Von Ole von Beust 31

Die Heimat im Herzen
Von Gabrielle Scharnitzky 37

Terror von rechts. Es braut sich etwas zusammen
Die Geflüchteten und wir
Von Uwe-Karsten Heye 53

Die Ästhetik des Helfens
Von Marina Lessig und Dominic Herold 63

Für ein angstfreies Leben!
Von Klaus-Peter Grap 75

Der notwendige Kampf für unsere Werte
Von Marina Weisband 83

Grenzenlose Verantwortung: zur Moral und Ökonomik der Flüchtlingskrise
Von Henning Vöpel 89

Eine Gesellschaft, die auf Angst aufbaut, wird untergehen
Von Bettina Müller **97**

Mehr Mitgefühl üben
Von Arnd Schimkat **111**

Flüchtige Gedanken
Von Anke Rauthmann **121**

Hamburg kann das schaffen!
Von Farid Müller **127**

Für ein europäisches Asylrecht
Von Gregor Gysi **133**

SAMSARA
Von Vivian Daniel **139**

Über das hereinbrechende Fremde
Von Monty Arnold **145**

Was ist eigentlich der Unterschied zwischen der Bundeskanzlerin und einem Dirigenten?
(Und was hat Frau Merkel mit Brünnhilde gemein?)
Von Bruno Merse **149**

Ein Wunder in Berlin
Von Anne Pütz **161**

Steht das Jahrzehnt der Integration bevor?
Von Rudolf Seiters **169**

Grenze und Offenheit
Von Aarash D. Spanta **177**

„Einfach nur frei leben"
Ein Doppel-Interview von Gloria Viagra mit Sahidad aus Syrien und Narwa aus dem Irak. **183**

Geld verdienen mit Bildung – ein Gewinn für die Flüchtlinge und die ganze Gesellschaft.
Von Hans-Diedrich Kreft **193**

Verantwortung übernehmen
Von Wieland Holfelder **201**

Moral, Kultur, Recht und die vielen Einzel-Krisen der Flüchtlinge
Von Till Dunckel **209**

Das Schweigen ist gebrochen
Von Patrick Khatami **215**

Armin Fuhrer arbeitete über 20 Jahre als Politikredakteur und Korrespondent für die „Welt" und den „Focus". Er ist Verfasser zahlreicher Bücher, unter anderem über den früheren Bundespräsidenten Christian Wulff sowie die jüdischen Attentäter David Frankfurter und Herschel Grynszpan. Fuhrer, geboren 1963, lebt und arbeitet als Journalist und Autor in Berlin.

Christian Nawrocki gründete 2009 die Agentur für Öffentlichkeitsarbeit Nawrocki-PR & Communication. Zu seinen Schwerpunkten gehört die Arbeit als politischer Berater. Der 1978 geborene Bochumer mit brasilianischen Wurzeln war zuvor für verschiedene Fernsehsender und die Nachrichtenagentur DPA im In- und Ausland tätig. Nawrocki lebt und arbeitet in Hamburg.

Vorwort

Keine Frage: Angela Merkels Zitat „Wir schaffen das" wird in die Geschichte eingehen wie John F. Kennedys „Ich bin ein Berliner" 1963 oder Willy Brandts Kniefall von Warschau 1970. Ob die Bundeskanzlerin tagelang mit ihren Medienberatern zusammenhockte und an einem griffigen Spruch feilte, oder ob diese drei Worte, gesprochen am 31. August 2015 vor der Bundespressekonferenz in Berlin, ganz zu Beginn des Massenandrangs von Flüchtlingen aus Syrien und anderen Ländern spontan aus dem Bauch herauskam, wissen wir nicht; vielleicht wird sie uns davon eines Tages in ihren Memoiren berichten. Der Satz jedenfalls ist seitdem offizielle Regierungspolitik. Die Art, wie die Kanzlerin mit Herz und Härte in den Monaten danach gegen alle Kritiker aus Deutschland, Europa und sogar der eigenen Partei ihre Linie verfolgte, löste bei den einen Bewunderung aus, bei den anderen Empörung.

Dem berühmten Zitat folgte ein Satz, der in Vergessenheit geraten ist: „Und wo etwas im Wege steht, muss es überwunden werden". „Wir schaffen das" wirkt optimistisch, zupackend, es ist eine Aufforderung, die Ärmel hochzukrempeln und mitzumachen. Der zweite Satz ist das alles auch – aber er besagt zugleich, dass es Probleme geben werde bei der Bewältigung einer der größten Herausforderungen, der das demokratische Deutschland sich seit dem Ende des Zweiten Weltkrieges gegenübersieht. Angela Merkel war keineswegs naiv in ihrem Optimismus an jenem Spätsommertag. Aber sie war getragen von der Überzeugung, dass ein Land wie Deutschland Menschen helfen muss, die Kriegen und Bürgerkriegen entfliehen, Tot, Hunger, Vergewaltigung und Versklavung oder einem schlicht menschenunwürdigen Leben in den Zeltlagern, die rund um das vom Bürgerkrieg heimgesuchte Syrien errichtet worden waren. Es ist richtig, dass der Westen Fehler im arabischen Raum begangen hatte, zuletzt durch die viel zu schwache finanzielle Hilfe für die syrischen Flüchtlinge in Jordanien, dem Libanon oder der Türkei. Deutschland und seine Bundeskanzlerin waren da nicht besser als andere. Aber als es darum ging, im Angesicht akuter Not Herz zu zeigen und Humanität, war Merkel zur Stelle.

Natürlich gibt es unter den Flüchtlingen auch viele, die nicht aus Angst um ihr Leben nach Deutschland und Europa wollen, sondern aus Hoffnung auf ein besseres. Darauf musste reagiert werden, denn Deutschland wäre schlicht überfordert damit, alle diese Menschen aufzunehmen. Das mag auf den ersten Blick inhuman wirken, aber die Hilfe für die Menschen, die sie nötiger haben, muss im Vordergrund stehen. Wer Bilder aus zerbombten syrischen Städten wie Aleppo oder Homs sieht oder sich die Lebensumstände der Flüchtlinge in Syriens Nachbarländern ansieht, erkennt unschwer, worin die eigentlichen Gründe liegen. Die einführende Reportage in diesem Buch über zwei Unterkünfte in der libanesischen Stadt Saida und die Menschen, die darin hausen, belegt das. Viele dieser Menschen wollen trotzdem gar nicht nach Deutschland beziehungsweise hoffen, dass ihre Angehörigen – meistens sind es die Ehemänner, Söhne oder Brüder – wieder zurückkehren, wenn sich die Lage bessert und es wieder die Aussicht auf ein menschenwürdiges Leben in ihrer Heimat gibt. Und viele dieser Ehemänner, Söhne oder Brüder, die jetzt in Deutschland und anderen europäischen Ländern leben, möchten auch wieder zurück in ihre Heimat, sobald dort Frieden herrscht.

Als im Spätsommer 2015 eine Welle der Hilfsbereitschaft über Deutschland schwappte, war klar, dass es dabei nicht bleiben würde. Es ging um erste Hilfe am Münchner Hauptbahnhof und anderswo. Der Staat versagte zum Teil und ganz normale Menschen sprangen ein. In diesem Buch findet sich ein Bericht einer jungen Helferin und eines jungen Helfers vom Münchner Hauptbahnhof, die zugepackt haben und die uns erzählen, was eine Zivilgesellschaft schaffen kann, wenn man sie lässt – oder wenn sie muss, weil die Behörden überfordert sind. Beim Betrachten der Fernsehbilder, die als Zeichen eines humanitären Deutschlands um die Welt gingen, war uns, den Herausgebern dieses Buches, aber unmittelbar klar, dass diese geradezu euphorische Stimmung, die auch ein Ausdruck einer gewissen Naivität war, verfliegen würde. Es stellte sich nicht die Frage, ob es Gegenwind geben, sondern wann er aufkommen und wie stark er werden würde; ob er die Zeichen der Hilfsbereitschaft und Humanität wegfegen könnte. Unser Gedanke war, Autoren zu finden, die sich damit auseinandersetzen. Es sollte sich dabei aber nur um solche Autoren handeln, die auf dem Boden von „Wir schaffen das" stehen – aber nicht als naive Utopisten die Augen vor den Problemen verschließen. Es sollte dabei nicht um Tagespolitik und Politikerstreit gehen, deshalb haben wir auch nur ein paar wenige Politiker zum Mitmachen gebeten. Wir wünschten uns als Autoren beispielsweise auch solche aus dem kulturellen Leben, weil diese Gruppe viel zu selten gehört wird oder sich äußert. Und es sollten wenigstens ein paar Menschen dabei sein, die tätige Mithilfe geleistet haben oder leisten.

Dass die Ankunft einer großen Menge von Menschen aus einem ganz anderen Kulturkreis, die kein Wort deutsch und zumeist nicht einmal englisch sprechen, die teilweise andere Wertevorstellungen haben als wir, bei vielen Menschen Angst und Besorgnis auslösen würde, lag auf der Hand. Ebenso, dass schon bald nach der ersten Hilfe Fragen von großem Gewicht aufkommen würden: Wie integrieren wir diese Menschen? Wo sollen sie wohnen? Wie lange werden sie bleiben? Wer gibt ihnen Jobs? Wie bezahlen wir das alles? Wie gewährleisten wir unsere Sicherheit? „Es ist vollkommen in Ordnung, sich davon überfordert zu fühlen", schreibt die junge Piratenpolitikerin und Publizistin Marina Weisband in ihrem Beitrag. Nur darf daraus nicht folgern, dass wir den Kopf in den Sand stecken oder gar denen folgen, die unsere liberalen, demokratischen Werte abschaffen wollen. Sondern wir müssen für diese Werte kämpfen, so Weisband, die als eine Art intellektuelles Sprachrohr vieler junger Erwachsener gilt. Und dass die Flüchtlinge mittelfristig Chancen für Wirtschaft und Gesellschaft bieten, legt Henning Vöpel dar, der Geschäftsführer des Hamburgischen WeltWirtschaftsInstitut (HWWI).

Auf all die erwähnten Fragen hat Merkels einfaches „Wir schaffen das" keine Antworten gegeben. Das konnte die Bundeskanzlerin damals auch gar nicht. Aber das sind natürlich Fragen, die beantwortet werden müssen. Denn sie beunruhigen viele Menschen in Deutschland. Sie schüren Ängste und Sorge, und zwar berechtigte wie irrationale. Und sie bieten menschenverachtenden Populisten die Möglichkeit, ihre kruden Thesen unters Volk zu bringen und daraus Profit zu schlagen. Damit war zu rechnen. Dass aber Vertreterinnen einer Partei ernsthaft im Winter 2016 fordern würden, an den Grenzen auf Kinder und Frauen schießen zu lassen, hätten wir uns niemals vorstellen können. Am Ende wird wohl nur eine gute Politik die Menschen in Deutschland beruhigen und auch den Feinden der Demokratie, die die Flüchtlingsfrage zu nutzen versuchen, um ihre rückwärtsgewandten Forderungen durchzusetzen, den Wind aus den Segeln nehmen. Daran hapert es noch, keine Frage.

Und viel ist geschehen seit Merkels „Wir schaffen das": Die Terroranschläge von Paris, die Silvesternacht von Köln und anderen Städten mit den massenhaften sexuellen Übergriffen auf Frauen, Prügeleien in Flüchtlingsunterkünften, Integrationsverweigerer, die lieber untertauchen, als einen Deutschkurs zu belegen; und nicht zuletzt die Befürchtung, dass sich Terroristen unter die Flüchtlinge gemischt und unerkannt nach Deutschland gekommen sind. Noch einmal: Sich Sorgen zu machen ist verständlich, das darf nicht unter den Tisch gekehrt werden. Und hüte man sich davor, diese Menschen, die sich Sorgen machen, pauschal als „rechts" zu bezeichnen.

Aber noch etwas Anderes ist geschehen. Noch nie wurden so viele Anschläge auf Flüchtlingsunterkünfte verübt, wie derzeit. Die Täter setzen inzwischen zum Teil bewusst das Leben der Bewohner aufs Spiel. Das ist erschreckend und darf nicht toleriert werden. Der Aufschrei scheint allerdings im Winter 2016 von Woche zu Woche leiser zu werden.

Dieses Buch mit seinen Beträgen von ganz unterschiedlichen Autoren wird solche Täter nicht erreichen; mit Bildung, Lesen und Nachdenken haben diese Leute nichts am Hut. Sie sind auch nicht die Zielgruppe. Wir hoffen, dass es Leser findet, die reflektieren können, die sich jenseits der hektischen und aufgeregten (Tages-)Politik und der aufgepeitschten Debatten zum Innehalten bewegen lassen. Es scheint ja so, dass die Frage der Flüchtlinge oftmals mehr das Gefühl der Menschen in Deutschland berührt als ihr politisches Verständnis, auch, wenn man das häufig erst auf den zweiten Blick erkennt. Nicht umsonst sprechen wir von Ressentiments. Wir hoffen als Herausgeber und Autoren dieses Bandes, dass wir Leser finden, die sich durch die Lektüre zum Nachdenken animieren lassen. Und die mit anderen Menschen das Gespräch suchen.

Das Buch gibt bewusst keine Handlungsanweisungen für eine „richtige" oder „gute" Flüchtlingspolitik, keine Zehn-Punkte-Pläne. Es soll seinen Lesern Denkanstöße vermitteln. Zum Beispiel durch die Erfahrung der Schauspielerin Gabrielle Scharnitzky, die sich häufig in London aufhält, dort das multikulturelle Leben auf der Straße als völlig normal empfindet – und dann, zurückgekehrt nach Berlin, diese Offenheit zu ihrer eigenen Verwunderung zu einem gewissen Grad in Frage stellt. Zum Beispiel durch den früheren Hamburger Ersten Bürgermeister Ole von Beust, ein CDU-Politiker, der durch die grassierende Fremdenfeindlichkeit einige seiner früheren Einstellungen selbstkritisch hinterfragt. Zum Beispiel durch den Schauspieler Klaus Uwe Grap, der durch seine Hilfe in einer Berliner Flüchtlingsunterkunft zu einer eigenen Anschauung der Flüchtlinge gekommen ist. Dass demgegenüber ein Politiker wie Gregor Gysi, langjähriger Fraktionsvorsitzender der Linken im Bundestag, sich kritisch mit der Politik der Bundeskanzlerin auseinandersetzt, kann nicht überraschen; dass seine Kritik die Linie des „Wir schaffen das" grundsätzlich unterstützt ist indes ein interessantes Beispiel dafür, wie die Flüchtlingsfrage die deutsche Politik durcheinandergewirbelt hat.

Diese Beispiele sollen keine bestimmten Texte dieses Bandes herausheben. Wir waren erstaunt, wie unterschiedlich die Ergebnisse waren, nachdem wir die Autoren gebeten hatten, etwas zu schreiben. Wir hatten ganz bewusst keinerlei Vorgaben gemacht, was Inhalt und Form angeht – wenn man einmal davon absieht, dass „Wir schaffen das" die Grundlage dieses Buches sein sollte. Das hat übrigens nichts mit Zensur zu tun. Doch es ist unübersehbar, dass die kritischen Stimmen in der Überzahl sind – dagegen wollen wir ein kleines Gegengewicht setzen.

Dass viele der Flüchtlinge eines Tages wieder in ihre Heimat zurückkehren wollen, steht außer Frage. Das belegt die Entwicklung der Flüchtlinge, die vor dem Balkankrieg Anfang der neunziger Jahre zu uns geflohen waren. Der allergrößte Teil dieser Menschen ist längst wieder zuhause, obwohl die kulturellen Unterschiede bei weitem nicht so groß waren, wie die zwischen Deutschen und Syrern oder Irakern. Diese Erkenntnis gehörte auch immer zu „Wir schaffen das" dazu.

Doch viele Flüchtlinge werden auch bleiben. Deutschland steht durch die Flüchtlingsfrage vor großen Schwierigkeiten. Viele Hürden sind zu überwinden, bis die Menschen aus fernen Ländern auch nur einigermaßen in Gesellschaft, Wirtschaft und Sozialsystem integriert sind. Dazu braucht es eine gute Politik und guten Willen von allen Seiten. Integration der Flüchtlinge ist ein Fordern und Fördern, ein Geben und Nehmen. Es wird unvorhergesehene Ereignisse geben und viele Rückschläge. Nur sollten wir darüber die großen Chancen nicht übersehen, die in den selben drei Bereichen liegen: Gesellschaft, Wirtschaft, Sozialsystem. Vor allem aber sollte ein anderer Begriff ein reiches, starkes, verantwortungsbewusstes Land wie Deutschland leiten: Humanität. Jahrzehntelang war „Auschwitz" die inoffizielle Staatsdoktrin der Bundesrepublik. Diese Doktrin löst sich – zurecht – mehr als 70 Jahre nach Ende des Zweiten Weltkrieges seit einiger Zeit auf. Zunehmend wird unser Land heute weltweit mit Menschlichkeit und Hilfe für Hilfebedürftige identifiziert. Auch das ist eine großartige Chance für unser Land. So betonte die deutsch-amerikanische Schriftstellerin Ruth Klüger, eine Überlebende von Auschwitz, am 27. Januar 2016 in ihrer Rede während der Holocaustgedenkveranstaltung im Bundestag: „Ich bin eine von den vielen Außenstehenden, die von Verwunderung zu Bewunderung übergegangen sind. Das war der Hauptgrund, warum ich mit großer Freude ihre Einladung angenommen und die Gelegenheit wahrgenommen habe, in diesem Rahmen, in ihrer Hauptstadt, über die früheren Untaten sprechen zu dürfen, hier, wo ein gegensätzliches Vorbild entstanden ist und entsteht, mit dem bescheiden anmutenden und dabei heroischen Wahlwort: Wir schaffen das."

Berlin / Hamburg, Februar 2016
Armin Fuhrer / Christian Nawrocki

„Deutschland steht durch die Flüchtlingsfrage vor großen Schwierigkeiten. Viele Hürden sind zu überwinden, bis die Menschen aus fernen Ländern auch nur einigermaßen in Gesellschaft, Wirtschaft und Sozialsystem integriert sind. Dazu braucht es eine gute Politik und guten Willen von allen Seiten.“

Armin Fuhrer / Christian Nawrocki

Das Lachen der Kinder stirbt zuletzt

Von Armin Fuhrer

Abou Hafez will reden. Er muss reden, denn das Reden über das Schicksal, das den Menschen hier am Stadtrand von Saida droht, ist seine letzte verbliebene Hoffnung. Wir stehen in einem dunklen, feuchten Flur im ersten Stock, mit Pfützen auf dem nackten Steinboden. Draußen scheint die Sonne, ein leichter Wind treibt die Schönwetterwolken vor sich her. Man hört Kindergeschrei. Doch hier, zwischen den kahlen Betonwänden hat sich ein eigentümlicher Geruch eingenistet, kein Gestank, eher ein miefiger Modergeruch. Und statt des strahlenden Sonnenlichts herrscht ein Halbdunkel. Vier Stockwerke hoch ist dieses Haus. Es sollte ursprünglich eine Universität werden, doch als den Bauherrn das Geld ausging, wurden die Arbeiten gestoppt und die Arbeiter abgezogen. Sie ließen eine kaum halbfertige Bauruine zurück, irgendwo am Stadtrand von Saida, einer alten Stadt rund 40 Kilometer südlich von Beirut mit 200 000 Einwohnern. Als die Flüchtlinge aus Syrien vor dem Bürgerkrieg flohen und auch nach Saida kamen, mietete das UHNCR, das Flüchtlingshilfswerk der Vereinten Nationen, 2011 das unfertige Gebäude. Seitdem leben rund 1300 Menschen hier. „Die Umstände sind schlimm, aber es ist besser, als ein Zeltlager", sagt Abou Hafez. „Die Menschen in den reichen Ländern müssen sehen, wie es hier aussieht, damit sie verstehen, warum hier so viele wegwollen." Deswegen will Abou Hafez reden.

Saida ist eine Flüchtlingshochburg im Libanon, dem kleinen, armen Land, das so viele der Fliehenden aufgenommen hat.

180 Familien, wohl um die 1300 Menschen, leben allein in dieser grauen Bauruine, die meisten schon seit vier Jahren. Es ist irgendwie ihr Zuhause geworden, auch, wenn das Haus keine Fenster aus Glas hat, sondern offene Luken, die an Schießscharten erinnern, und es insgesamt ein wenig aussieht wie ein überdimensionaler Schuhkarton. Für einen Europäer wäre dieses unfertige Gebäude einfach unbewohnbar und einen Deutschen mag es an die zerstörten Häuser in Berlin oder Köln oder Hamburg erinnern, in denen viele Menschen unmittelbar nach dem Ende des Krieges 1945 hausen mussten. Doch nun ist dieses Zuhause bedroht. Das UHNCR will die Zahlungen über kurz oder lang einstellen. Das Geld geht ihm aus, denn die reichen Industriestaaten sind knauserig geworden, nachdem der Krieg in Syrien partout nicht aufhören will. „Was dann mit den Menschen, die hier leben, passieren wird, ist völlig unklar. Klar ist nur, dass sie auf keinen Fall ihre Unterkunft verlassen wollen", sagt Abou Hafez. Etwas später, als er ein wenig Vertrauen zu dem Journalisten aus Deutschland gewonnen hat, sagt er, was viele hier sagen: „Wenn unser Haus geschlossen wird, haben wir keine andere Chance mehr – dann gehen wir nach Deutschland."

Abou Hafez ist nicht sein richtiger Name, den nennt er lieber nicht. Im Libanon wissen geflohene Syrer nie genau, ob sie einem fremden Gesprächspartner trauen können, oder ob der geschickt wurde vom syrischen Machthaber Assad, vom Islamischen Staat oder von wem auch immer. Und das gilt auch für Journalisten aus dem Ausland, selbst für solche aus Deutschland, das auch hier für viele wie ein fernes Paradies wirkt. Abou ist so etwas wie der offizielle Vertreter der Bewohner. Nicht gewählt, sondern qua natürlicher Autorität. Die Menschen vertrauen ihm, und nun spricht er für sie. Als der Bürgerkrieg 2011 ausbrach in Syrien begab sich der 35-Jährige wie viele Menschen auf die Flucht in den Libanon. Die Regierung des kleinen, selbst schwer gebeutelten Landes wusste nicht, wohin mit all den Hilfesuchenden, und schon bald war ihr alles, was irgendwie als Unterkunft gelten konnte, recht. Auch die Bauruine am Stadtrand von Saida.

Kalter Beton, kein Licht, Stromkabel hängen überall abenteuerlich offen herum, und die Pfützen im Treppenhaus des vierstöckigen Gebäudes lassen erahnen, wie es hier aussieht, wenn es regnet. „Der Regen dringt durch die Luken, Sturzbäche setzen die Wohnungen unter Wasser", berichtet Abou Hafez. Das, was er als Wohnungen bezeichnet, sind tatsächlich kleine Betonlöcher, vielleicht 15 oder 20 Quadratmeter groß und ursprünglich als Büros gedacht. Ganze Familien wohnen darin, nicht selten mehr als eine. Sie schlafen hier, schützen sich im Sommer vor der unbarmherzigen Hitze und im Herbst und Winter vor dem Regen, so gut es eben geht. Manche schlafen auf dem nackten Beton, andere können sich über den Luxus einer total verschmutzten Matratze freuen, die hilfsbereite Menschen aus Saida gebracht oder die Mitarbeiter des UHNCR besorgt haben. Die Kinder hocken auf dem Boden, ihre Hosen, T-Shirts oder Blusen stehen vor Dreck. Wenn man diese menschenunwürdigen Lebensumstände sieht, relativieren sich die Diskussionen über Standards für Flüchtlinge, wie sie in Deutschland mit sehr deutscher Vehemenz geführt werden, sehr schnell. Von der Frage, ob man diesen Menschen helfen soll, ganz zu schweigen.

300 000 Dollar muss die UHNCR für das Gebäude, das einem Investor gehört, jedes Jahr hinblättern. Viel Geld ist das; zu viel nach Ansicht der UHNCR. Sie will all die Menschen, die hier leben, in kostengünstigere Zeltunterkünfte unterbringen. Das klingt ökonomisch sinnvoll. Das Problem aber ist, dass die Betroffenen das nicht wollen. Sie fühlen sich als Solidargemeinschaft. Man hilft sich gegenseitig, legt zusammen, wenn einer schwer erkrankt ist und eine kostspielige ärztliche Behandlung braucht. Oder passt auf die Kinder auf, wenn der Vater nach Deutschland geflohen ist und versucht, das Nachholen der Familie vorzubereiten, während die Mutter unter Lebensgefahr noch einmal nach Syrien zurück

ist, um dort bei Verwandten Geld für die Schleuser locker zu machen. Denn ohne einen Schleuser ist es kaum ins gelobte Deutschland zu schaffen. 3000 Dollar muss man rechnen, pro Person. Eine ungeheure Summe für diese Menschen. Das Gemeinschaftsgefühl hat aber noch einen tieferen Hintergrund: „Die Leute hier kommen alle aus den selben vier Dörfern, viele kannten sich schon vor der Flucht untereinander", erklärt Abou Hafez. Das bindet sie zusammen, gibt das Gefühl von Geborgenheit fern der Heimat und dem alten, gewohnten Leben. „Wer diese Gemeinschaft auseinanderreißt, nimmt uns das letzte, das wir noch haben."

Aybane Moutih Said und die anderen Frauen, die auf dem Boden zusammensitzen und Essen zubereiten, blicken immer wieder auf die Bilder, die über den kleinen, alten Monitor flimmern, der in den siebziger Jahren vielleicht mal aktueller technischer Standard gewesen sein mag. Irgendwelche Bomber bombardieren irgendwelche feindliche Stellungen oder irgendeine Stadt, Panzer kurven durch enge Straßen, Rauch steigt zum Himmel empor, Männer in Zivilkleidung schießen mit ihren Maschinengewehren irgendwohin. Alltag in Syrien. Und Alltag in dem großen Schuhkarton von Saida. In vielen Wohnungen steht ein solcher Fernseher, auch dabei handelt es sich meist um Geschenke von Einheimischen, die ihre alten Geräte ausgemistet haben. Meistens flimmern Bilder aus den syrischen Bürgerkriegsgebieten über den Bildschirm. Für die Flüchtlinge ist das neben den Kontakten zu den Verwandten oder Freunden, die in dem Bürgerkriegsland zurückgeblieben sind, die einzige Möglichkeit, Informationen aus ihrer Heimat zu bekommen. Manchmal gibt es auch Zeichentrickfilme für die Kleinen.

Aybanes Mann ist vor ein paar Monaten über die Türkei nach Deutschland geflohen. „Wir telefonieren regelmäßig", sagt die junge Frau, die schwanger ist, vielleicht im sechsten Monat. „Er ist sehr glücklich in Deutschland", sagt sie. Er bekomme kostenlose medizinische Betreuung, gut zu essen. Und er lerne fleißig

Deutsch. „Wenn er deutsch kann, dann darf er arbeiten. Und dann nehme ich meine beiden Töchter und wir fahren auch nach Deutschland." Vom komplizierten deutschen Bürokratismus weiß Aybane nichts, von den Protesten in Deutschland gegen die „Flüchtlingsflut" aber hat sie gehört und Bilder davon im Fernsehen gesehen. Trotzdem ist sie voller Hoffnung, voller Bewunderung und voller vorauseilender Dankbarkeit gegenüber dem Land im fernen Europa. Deutschland ist ihr einziger Lichtblick, vor allem, wenn sie vielleicht bald fernab ihrer Gemeinschaft aus dem Schuhkarton in irgendeinem Zeltlager leben muss. Ob sie nicht lieber wieder nach Syrien zurück möchte? „Doch, aber das wird noch sehr lange dauern. Und hier im Libanon wird die Situation immer unerträglicher."

Während die Frauen in den „Wohnungen" um die Mittagszeit auf dem Steinboden das Essen vorbereiten – die Zutaten wurden kurz zuvor von Mitarbeitern einer islamischen Hilfsorganisation geliefert, die unter dem Dach der UHNCR arbeitet – sitzen die meisten Männer draußen auf dem großen Platz vor dem Haus. Für viele ist das Areal wie ein Gefängnis. Denn viele haben keine offizielle, von der libanesischen Regierung geforderte Registrierung. Ohne dieses Papier aber können sie sich nur unter Gefahr frei bewegen. Wer heute von den libanesischen Sicherheitskräften ohne Papiere aufgegriffen wird, riskiert Gefängnis oder gar die Abschiebung zurück nach Syrien. In den ersten Jahren des Bürgerkrieges war die Regierung in Beirut großzügiger, doch inzwischen sind viele Menschen in dem kleinen Land genervt von den vielen Flüchtlingen. 4,5 Millionen Einwohner hat der Libanon. Dazu kommen rund 1,2 Millionen registrierte Flüchtlinge sowie eine unbekannte Zahl nichtregistrierter. Wie viele es sind, weiß niemand. Schätzungen belaufen sich auf Zahlen zwischen 500 000 und 1,2 Millionen. Doch damit nicht genug, denn schon vor dem Ausbruch des Bürgerkrieges lebten im Libanon rund eine halbe Million Syrer als Gastarbeiter. Die meisten von ihnen haben ihre

Familien inzwischen geholt – und die werden gar nicht als Flüchtlinge gezählt.

Wer registriert ist, darf offiziell arbeiten. Doch die Registrierung kostet 400 US-Dollar. Bei einer syrischen Großfamilie kommen da schnell ein paar tausend Dollar zusammen – und das können sich viele Familienoberhäupter gar nicht leisten. Über Wasser halten sich viele Flüchtlinge mit Gelegenheitsjobs oder als absolute Billiglöhner. Damit aber drücken sie das Lohnniveau für die Einheimischen, von denen selbst viele arm sind. Zugleich treiben sie die Mietpreise in die Höhe. Schon für ein Zimmer, in denen dann eine ganze Familie haust, müssen die Flüchtlinge oft bis zu 600 US-Dollar zahlen. Dabei leben bis zu 80 Prozent der Syrer im Libanon nicht in Zeltlagern, wie man sie in Deutschland aus dem Fernsehen kennt, sondern sind privat untergebracht. Bei Verwandten und Freunden, in Unterkünften von Hilfsorganisationen oder eben als Mieter. Wer mit offenen Augen durch die Millionenmetropole Beirut läuft, erkennt das schnell. Ganze Familien teilen sich den Müllraum eines der zahlreichen Hochhäuser oder hausen in den ärmeren Viertel der Hauptstadt, die fast schon an die Favelas von Rio erinnern. Mehrere Familien leben im Gerätehaus eines Parks, von den Armeesoldaten, die in 50 Metern Entfernung ihren Dienst auf einem LKW absitzen, geduldet. Flüchtlingskinder dürfen die Schule besuchen und bekommen einen arabischen Unterricht. Dass es trotzdem viele nicht tun, liegt daran, dass die Eltern sich die Fahrtkosten für den Bus nicht leisten können oder die Kinder für den Lebensunterhalt der Familie mitarbeiten müssen. Mehr als 50 Prozent der Flüchtlinge sind Kinder und Jugendliche.

Der kleine Libanon ächzt unter dieser Last schwer. Flüchtlinge werden hier nicht offiziell anerkannt, sondern gelten als „displaced persons". Der Begriff Flüchtling ist den Palästinensern vorbehalten, die bereits seit 1948 zu hunderttausenden in Lagern im Libanon leben. Auch die Lager für die Syrer sind nicht offiziell zugelassen, sondern nur geduldet. Dass bei vielen Libanesen trotzdem immer noch Menschlichkeit und Mitgefühl dominieren, grenzt an ein Wunder. Aber die Situation der Syrer wird immer kritischer. Die Hoffnung darauf, dass ihre Lage sich im Libanon verbessert, haben sie aufgegeben. Die meisten würden gerne sobald wie möglich in ihre Heimat zurück. Viel lieber als nach Europa und Deutschland. In Gesprächen wird schnell klar, dass sich täuscht, wer glaubt, die Menschen strebten wegen der vergleichsweise sehr guten Bedingungen nach Deutschland. Der Strom der Flüchtlinge setzte sich in Marsch, als das UHNCR die Lebensmittel-Unterstützung rapide senkte – auf inzwischen nur noch zwölf Dollar pro Person und pro Monat. Das ist nichts in einem Land, in dem Lebensmittel im Supermarkt so teuer sind wie in Deutschland. Da die libanesische Regierung den Flüchtlingen keine Unterstützung gewährt, standen vor allem die Menschen, die keine Arbeit haben, vor der Alternative: Hunger oder Flucht. Die Lage im Libanon ist für die Syrer inzwischen so schlecht geworden, dass einige schon freiwillig wieder nach Syrien zurückgehen, zumindest, wenn sie aus einer Gegend wie die Hauptstadt Damaskus kommen, wo nicht gekämpft wird.

Zwei Kilometer entfernt denkt Hanadi Lawah nicht an so einen gefährlichen Schritt. Die Lebensumstände der Lawahs sind fast noch schlimmer als die der Menschen in dem großen Schuhkarton. Die fünfköpfige Familie haust mit rund 40 anderen Personen in einem aus Stein, Holz und Wellblech zusammengezimmerten Gebilde am Stadtrand von Saida, das das Wort Haus nicht verdient hat. Im Erdgeschoss befindet sich eine Gerberei, darüber sind acht Familien mit zahllos erscheinenden Kindern untergebracht. Das Dach besteht aus Wellblech, Fenster gibt es nicht, dafür zwischen Dach und Mauerwerk eine große Lücke. Auch hier steht alles unter Wasser, wenn es geregnet hat: die völlig verschmutzen Räume, die noch stärker verschmutzen Matratzen, die tagsüber aufgestapelt in Ecken liegen und nachts zum Schlafen nebeneinandergelegt werden. Als Tische dienen rostige Blechtonnen. Eine Gemeinschaftsküche, in der ein Europäer nichts kochen, geschweige denn essen würde, gibt es und immerhin auch Strom, der die Räume über abenteuerlich unterm Dach verlegte Kabel erreicht. Auch hier laufen in mehreren Räumen kleine, alte Fernseher. Und auch hier sind überall Kriegsbilder aus Syrien zu sehen – die TV-Apparate sind neben direkten Kontakten zu Daheimgebliebenen die wichtigste Informationsquelle für die Flüchtlinge. Und jede Familie hat ein Smartphone. Nur so können die Lawahs Kontakt zu ihren Söhnen halten.

Die zwei Jungs sind die große Hoffnung Hanadis und ihres Mannes Haclam. Wenn Hanadi über sie spricht, schwingt ein bisschen Stolz in ihrer Stimme mit. Die zwei, 18 und 20 Jahre alt, haben es tatsächlich geschafft ins gelobte Land, nach Deutschland. Ganz alleine. Über den lebensgefährlichen Seeweg haben sie sich im Sommer 2015 aufgemacht und sind unversehrt angekommen. Gerade erst haben sie ihrer Mutter per Smartphone Fotos geschickt, aus Berlin, wo sie in einer Flüchtlingsunterkunft untergebracht sind. Zwei nette, sympathische Jungs lachen auf den Selfies in die Kamera, im Hintergrund sieht man das Alte Museum oder den Reichstag, und die Sonne lacht von einem makellosen blauen Himmel.

Alles gut also? Nicht wirklich. In Wahrheit überwiegt bei Hanadi die Sorge einer Mutter um die zwei ältesten ihrer fünf Kinder. Wie sollte es auch anders sein – sie leben nun in einem fernen Land, sprechen die Sprache nicht, kennen keinen Menschen und müssen sich in einer völlig fremden Umgebung zurechtfinden. „Sie lernen fleißig deutsch, werden versorgt und die Menschen sind nett zu ihnen“, sagt die 35-jährige Mutter. „Aber sie haben schreckliches Heimweh und vermissen ihre Familie.“

Vor mehr als vier Jahren musste die siebenköpfige Familie aus ihrer Heimat in Syrien fliehen. „Wir waren arme Gemüsebauern und haben niemandem etwas getan“, sagt Hanadis Mann Haclam.

Sie flohen ins Nachbarland Libanon und strandeten in Saida. Die 400 US-Dollar für die Registrierung können sie nicht aufbringen. Und das heißt: keine Arbeit, kein Lohn, aber immer Angst, aufgegriffen und ins Gefängnis oder nach Syrien geschickt zu werden.

Das schlimmste für die Lawahs und die anderen ist der permanente Gestank, der aus der Gerberei unten hochsteigt. Hier liegen Tierhäute auf dem Boden aufgestapelt, Schmutzwasser steht in Tonnen und modert vor sich hin. Und Säcke mit giftigen Chemikalien liegen herum – offen und ungeschützt. Der Gestank, dem die Bewohner oben rund um die Uhr ausgesetzt sind, kommt von diesem Gebräu aus abgezogenen Tierhäuten, Schmutzwasser und Gift.

Khaled Zokani hat Glück. Könnte man zumindest meinen. Der 35-Jährige konnte sich die Registrierung leisten. So hat er einen Job in der Gerberei bekommen. Das bringt Geld, wenn auch lächerlich wenig, lenkt ein wenig von den Sorgen um die Zukunft ab und verhindert die Langeweile, unter der die Lawahs leiden, die weder Registrierung noch Jobs haben. Doch wenn Khaled die Ärmel an seinen Armen hochzieht, erkennt man, dass das mit dem Glück so eine Sache ist. Khaled leidet unter einem brennenden und juckenden Hautausschlag, der von dem Gift in der Gerberei, mit dem er täglich in Berührung kommt, herrührt. Und an seinem rechten Fuß hat sich ein Abszess breitgemacht. „Einen Arzt kann ich mir nicht leisten", sagt er. „Ich muss zusehen, dass ich meine Kinder und meine Frau satt bekomme." Deswegen geht er auch weiter unten arbeiten, Tag für Tag. Die Kinder sind das größte Problem der Eltern. Wie soll man sie ernähren? Wie hält man sie gesund? Was wird aus ihnen werden? Dabei scheinen es gerade die vielen Kinder zu sein, die all das Elend am leichtesten wegstecken. Sie toben herum, lachen und balgen sich, die Eltern müssen schimpfend eingreifen, ganz wie bei normal lebenden Familien. Ihr Lachen ist laut, und das ist vielleicht das Erstaunlichste an diesem Ort.

Nasser kann nicht spielen mit den anderen Kindern. Er ist fünf Jahre alt und sitzt in der „Wohnung" seiner Eltern auf dem Boden, nur ein dünner, dreckiger Sisalteppich trennt ihn von dem kalten Betonboden. Wir sind zurück in der Betonruine, in der einmal junge Menschen ausgebildet werden sollten. Als die aus Holzbrettern zusammengezimmerte Tür lautstark zufällt, zuckt der Junge so erschreckt zusammen, als sei gerade neben ihm eine Rakete der syrischen Armee eingeschlagen. Werden da Erinnerungen wach an das, was er als Baby miterleben musste? Doch bald lacht er wieder. Dunkle Haare, große dunkle Augen – ein niedliches Kindergesicht. Nasser kann nicht raus zu den anderen Kindern, die draußen auf dem Gelände spielen. Er ist behindert, kann nicht laufen und nicht stehen. „Er hat noch nie ärztliche Betreuung erhalten", sagt sein Vater. Dann verlässt er den Raum. Es ist nicht zu übersehen, dass der Mann sich dafür schämt, wie sein kleiner Junge leben muss und der Rest seiner fünfköpfigen Familie. Dass er gar nichts dafür kann, steht auf einem ganz anderen Blatt. Immerhin hat die Familie neben dem obligatorischen kleinen Fernseher sogar einen verrosteten Kühlschrank – ein seltener Luxus hier. Eine Behandlung durch einen Arzt oder ein Rollstuhl gar, damit der Junge sich wenigstens etwas freier bewegen kann – undenkbar. Trotzdem ist Nasser am Ende des Besuchs gut drauf. Als Zeichen dreht er sich auf dem Boden sitzend ein paar Mal im Kreis und lacht.

Nassers Vater ist geblieben, als so viele komplette Familien gegangen sind oder Männer, die für ihre Familie ein besseres Leben vorbereiten wollen im fernen Deutschland. Er ist zu alt und schwach für die Strapazen einer lebensgefährlichen Flucht, und sein behinderter Sohn hätte sie womöglich nicht überlebt. Die vielen anderen gingen, als der Hunger kam. „Es war der große Fehler der Europäer, uns kein Geld für Essen zu geben. Wenn sie das getan hätten, wäre es wahrscheinlich gar nicht zu der großen Flucht gekommen", sagt Nasser Chabana von der islamischen

Hilfsorganisation „Humanitarian Collaboration Association" (HCR) aus Saida, die das Flüchtlingshaus im Auftrag der UHNCR betreut. Chabana kommt regelmäßig her, um zu sehen, ob alles in Ordnung ist – wenn man von Ordnung hier überhaupt reden möchte. Er gehörte zu den ersten Aktivisten gegen den syrischen Machthaber Assad, als die Unruhen in seiner Heimatstadt Daraa 2011 begannen. Er kam ins Gefängnis und wurde später freigekauft. Seitdem arbeitet er für die HCR. Chabana nennt offen seinen Namen, er will sich nicht verstecken. „Viele Syrer lieben ihr Land trotz allem und warten sehnsüchtig darauf, zurückkehren zu können", sagt der 42-jährige Vater von neun Kindern.

So wie Rim Farid Sallouh. „Ich möchte unbedingt hierbleiben, in der Nähe von Syrien. Das ist meine Heimat und ich möchte so schnell wie möglich dorthin zurück." Rim ist 19 Jahre alt, groß, schlank, hübsch und voll von Liebe zu ihrem Land. Dass ihr Mann seit einigen Monaten in Deutschland ist, gefällt ihr nicht. Er habe es einfach nicht mehr ausgehalten und sich auf die gefährliche Flucht gemacht, weil er seinen Kindern und seiner jungen Frau eine bessere Zukunft ermöglichen wolle. Sie verstehe das und sie sei ihm dankbar, sagt sie. Deutschland sei ein gutes Land, sehr human und hilfsbereit. Alle sähen das so, trotz der Bilder von angezündeten Flüchtlingsheimen und von den Protesten gegen die Flüchtlinge, die sie im Fernsehen gesehen haben. Und dennoch: „Ich versuche ihn davon zu überzeugen, dass er zurückkommen soll", erklärt sie bestimmt, während sie im Schneidersitz auf dem Boden ihrer „Wohnung" sitzt und Gemüse für die Kinder kleinhackt. „Wir müssen nach Syrien zurück und unsere Heimat wieder aufbauen", sagt die 19-Jährige.

Nur: Das letzte Argument gegenüber ihrem Mann wird ihr wohl auch noch verloren gehen, wenn die Unterkunft bald aufgelöst wird und die Gemeinschaft der Menschen hier in alle Winde zerstreut wird. „Wenn das passiert, machen sich hier fast alle auf den Weg nach Deutschland", sagt Abou Hafez, der „Sprecher" der Syrer aus dem Schuhkarton. Dabei wäre es so einfach, das zu verhindern. Es müsste sich nur jemand finden, der die Miete für die Ruine von Saida bezahlt. Und vielleicht noch etwas drauflegt, um die Lebensumstände etwas erträglicher zu machen. Ein paar hunderttausend Euro für die Unterstützung von weit mehr als 1000 Menschen in der Nähe ihrer Heimat statt Millionen für die schwierige Integration, die Suche nach Wohnung und Arbeit in einem gänzlich fremden Land und Kulturkreis. „Wenn die deutsche Regierung uns dieses Geld geben würde, würden die meisten hierbleiben. Und Deutschland hätte viel weniger Probleme und würde viel Geld sparen", findet Abou Hafez. Dass es dazu kommen wird, glaubt er aber nicht. „Ihr werdet den selben Fehler wie bei der Kürzung der Lebensmittelunterstützung wieder machen."

Hanadi Lawah aus der Gerberei ist sich nicht sicher, ob auch sie und der Rest ihrer Familie wie ihre Söhne nach Deutschland gehen sollte. „Ich bin froh, dass meine Jungs dort in Sicherheit sind, aber eigentlich wollen wir sobald wie möglich in unsere Heimat zurück." Und dann sollen möglichst auch die zwei zurückkommen. Dass das bei der aktuellen Lage in Syrien nur ein frommer Wunsch ist, ist ihr klar. „Wenn es zu lange dauert oder die Lage für uns hier noch schlimmer wird, müssen wir wohl unseren Jungs folgen", sagt sie. Vorerst plagt sie allerdings eine ganz andere Sorge. „Ich habe gehört, dass die Deutschen junge Leute für ihre Wirtschaft brauchen. Jetzt habe ich Angst, dass sie meine zwei Jungen vielleicht gar nicht wieder rauslassen." Dabei blitzt kurz mal ein schelmisches Grinsen in ihrem sonst besorgt wirkenden Gesicht auf. Auch wenn die Hoffnung schon fast gestorben ist – der Humor stirbt zuletzt in der stinkenden Flüchtlingsunterkunft am Stadtrand von Saida. Und das Lachen der Kinder.

„Der kleine Libanon ächzt unter dieser Last schwer. Flüchtlinge werden hier nicht offiziell anerkannt, sondern gelten als ‚displaced persons'. Der Begriff Flüchtling ist den Palästinensern vorbehalten, die bereits seit 1948 zu hunderttausenden in Lagern im Libanon leben. Auch die Lager für die Syrer sind nicht offiziell zugelassen, sondern nur geduldet. Dass bei vielen Libanesen trotzdem immer noch Menschlichkeit und Mitgefühl dominieren, grenzt an ein Wunder."

Armin Fuhrer

Ole von Beust,

Jahrgang 1955, aus Hamburg ist Rechtsanwalt. 17 Jahre lang war er Berufspolitiker, davon 9 Jahre als Erster Bürgermeister der Freien und Hansestadt Hamburg. Er bildete u. a. 2008 die erste Schwarz-grüne Koalition in einem Bundesland. 2010 schied er auf eigenen Wunsch aus der Politik aus und betreibt jetzt die Firma Ole von Beust Consulting in Hamburg und Berlin.

Das Böse bloßstellen

Von Ole von Beust

Meine politische Sozialisierung begann Ende der 60er, Anfang der 70 er Jahre. Mein Elternhaus war liberal-konservativ, die Jugend war damals mehrheitlich marxistisch. Ein üblicher Spruch der Linken war damals mit Hinweis auf die NS Zeit: „Der Schoß ist fruchtbar noch, aus dem dies kroch“, basierend auf dem Brecht Drama *Arturo Uri*. Ich habe das lange für Propaganda gehalten. Eine Art Credo linker Positionen in kämpferischer Abgrenzung gegen den Faschismus, der tatsächlich mit der Wirklichkeit nichts zu tun habe. Umso mehr, als aus linker Sicht der Faschismus eine perverse Spielart des Kapitalismus sei, basierend auf materiellen Bedingungen.

Inzwischen sehe ich manches anders. Der Schoß ist leider verdammt fruchtbar. Der Hass aufs andere, die Überheblichkeit, die Bösartigkeit, die feigen, nur in der Masse einer Demonstration oder der Anonymität des Internets zelebrierten Schmähungen, ist Faschismus. Die Massen der Flüchtlinge, mit allen zusammenhängenden Problemen, kritisch zu sehen, das ist legitim und es gehört zum demokratischen Meinungsstreit, sich darüber auseinanderzusetzen. Aber die zunehmende Brutalisierung der Diskussion, die Unsinnigkeit der „Argumente“ (testesterongesteuerte junge Männer die deutsche Frauen belästigen etc.), das ist Naziniveau.

Woher kommt das plötzlich?

Irgendwie da war es schon immer. Ich erinnere daran, dass zum Beispiel im eher liberalen Hamburg bei den Bürgerschaftswahlen 1997 DVU und NPD zusammen über 8 % der Stimmen hatten, allerdings zum Glück beide an der 5% Klausel scheiterten. Und natürlich spült die Anonymität des Internets Dinge hoch, die früher allenfalls in Briefen ohne Absender sofort im Papierkorb landeten, heute aber zum Gegenstand der Betrachtung „was denkt die Netzgemeinde“ taugen.

Trotzdem: Die Salonfähigkeit solcher Erscheinungen scheint zugenommen zu haben. Manche suchen dafür eine materielle Begründung. Sie glauben, das Dienstleistungsproletariat, die verunsicherte Mittelschicht, das zunehmende Prekariat seien der Boden, aus dem so etwas wächst.

Ich glaube nicht an soziale Ursachen. So habe ich mich mit jemanden, den ich für einen guten Freund hielt, über das Thema völlig entzweit. Jemand, der, materiell völlig unabhängig, gut situiert lebend, voller Hass und Häme war: auf die „Meinungsdiktatur“, auf Frau Merkel, auf die westlichen Werte. Das ist kein Einzelfall. Die in Dresden und anderswo interviewten Pegida-Demonstranten wirken nicht wie Tagelöhner. Die jungen Polen oder Skandinavier, die zu tausenden rechtsradikal wählen sind nicht allesamt die Perspektivlosen.

Ich glaube, es sind zwei Ursachen die eine Rolle spielen.
Zum einen die Faszination des Bösen. Wir leben seit Jahrzehnten in einer Gesellschaft, die sich bemüht, vernünftig zu sein, das Gute sehen will, Gewalt ächtet und die Aufklärung preist. Mir gefällt das. Aber: das Böse, das Fiese, die Niedertracht und die Brutalität gehören zum Menschen. Jeder muss mit sich dagegen ankämpfen. Den inneren Schweinhund besiegen. Was aber, wenn das Böse plötzlich Doktrin einer Gruppe wird? Dann wird es anziehend, faszinierend, man ist ja nicht alleine, sondern geborgen und aufgehoben bei Gleichgesinnten. In Blogs, auf Demonstrationen etc. Ich bin sicher, diejenigen, die Hass predigen wissen, dass das unmoralisch ist. Es ist die Freude am unmoralischen, an der Gefolgschaft derjenigen, die plötzlich das dunkle rauslassen können. Etwas was da war, aber über Jahrzehnte tabuisiert wurde.

Zu Recht nach den Naziverbrechen, aber auch übertrieben, wenn lange rechts gleich rechtsradikal gleich Nazi gesetzt wurde. Der kollektive Tabubruch, das fasziniert, verbunden mit dem Aufgreifen von jahrhundertelangen Ängsten vor Überfremdung. Warum ist „Gutmensch" ein Schimpfwort für diese Leute? Weil sie das Böse kennen und es sie anzieht, wissend, dass es böse ist.

Das alles fällt in diesen Zeiten auf fruchtbaren Boden: Eine Kanzlerin, die, was ich gut finde, verstandesmäßig argumentiert und kollektiver Emotion misstraut, einem Europa , das lange jede Emotion vermissen ließ und rein fiskalisch wurde, einem Staat, der sich Stück für Stück von jeder Gemeinschaftsgefühlen begründeten Symbolik entfremdet hat. Die Aufklärung schien gesiegt zu haben, aber das dumpfe war doch nicht weg. Und auch die Hoffnung, dass Wohlstand zur Vernunft führt ist kühn, denn in seinen Grundzügen wird der Mensch sich nicht ändern. Wohlstand führt nämlich auch zur Gleichgültigkeit oder zur Lust am Zerstören. Wie heißt es in dem alten Sprichwort: Wenn es dem Esel zu gut geht, geht er aufs Eis und tanzt … bis es bricht.

Zum Zweiten sind mehr Menschen stärker von der Globalisierung überfordert als wir es uns eingestehen. Die Mehrheit ist nämlich nicht polyglott und genießt die Vielfalt. Die Mehrheit will zwar reisen, am liebsten meist zum selben Ziel, dorthin, wo die eigene Sprache gesprochen wird, sucht aber ansonsten Geborgenheit und Sicherheit. Ich kann das sogar verstehen. Ich fahre auch gern nach Mallorca, und wenn ich in Restaurants oder Hotels in Deutschland auf englisch bedient werde, bin ich genervt. Aber es geht tiefer: einmal greifen die Ergebnisse der Globalisierung in die geordnete Struktur des Lebens ein. Konkurrenz und Wettbewerb statt „rheinischer Kapitalismus", eine „The winner-takes-it-all"-Mentalität mit Gehältern von Spitzenmanagern die 50–100-mal höher sind als das Durchschnittsgehalt, einem Verlust des Gefühls für das was traditionell in Deutschland „sich gehört" oder „nicht gehört", eine sogenannte öffentliche Ordnung gibt es kaum noch. Und die Elite, die ganz gut damit umgehen kann, preist die Globalisierung als wirtschaftlich vernünftig – was sie auch ist – sieht aber die tausenden kleinen Ängste und Sorgen nicht oder argumentiert: da kann man nichts machen, das ist eine Art Naturgesetz. Es entsteht ein Gefühl der Ohnmacht und der größeren Distanz zu einem Staat, der, wirklichkeitsnah aber enttäuschend, einräumt, er könne nichts machen, nicht einmal seine Grenzen schützen.

Hinzu kommt der Verlust von Vorbildern. Wenn sich früher jeder irgendwo in Symbolpersonen der Elite wiederfand werden heute durch die sogenannte Transparenz die mutmaßlichen Vorbilder regelrecht zerlegt. Vermutlich hätten Willy Brandt oder Franz Josef Strauß in der heutigen Zeit mit ihrem markanten Lebenswandel keine sechs Monate politisch überlebt. Das gleiche gilt für Marken: von VW über die Deutsche Bank. Wer Vorbilder und Halt braucht, aber keine mehr findet, der wird orientierungslos, ist in Gefahr das Maß zu verlieren. Manche klammern sich an die Fixierung auf Konsummarken, andere suchen und finden Gleichgesinnte in zunehmender Radikalität.

Wer so fühlt, ist noch lange nicht rechtsradikal. So zu empfinden ist zulässig, psychologisch nachvollziehbar. Wenn sich dieses Gefühl aber mit der Faszination des kollektiven Bösen verbindet, dann wird es brandgefährlich.

Was ist zu tun.

So banal es klingt: je schneller es gelingt, den Zuzug von Flüchtenden, quantitativ und qualitativ, operativ, verwaltungstechnisch in geordnete Bahnen zu bringen, so bald der Staat Handlungsfähigkeit zeigt, lässt der Druck nach. Dazu gehört auch das ehrliche Eingeständnis, dass ein dauerhafter Massenzuzug von 5000 Menschen und mehr pro Tag nicht zu bewältigen ist. Unabhängig von individuellen Rechtsansprüchen ist daher die politische Benennung des Verkraftbaren notwendig. Das heißt auch, dass ich die Gesetze und Abkommen so fassen muss, dass diese Grenze eingehalten werden kann. Alles andere überfordert nicht nur die freiwilligen Helfer, sondern den Staat als Ganzes.

Und wir müssen dort, wo der Staat sich handlungsunfähig zeigt wieder Handlungsfähigkeit herstellen. Das beginnt mit ganz schlichten Dingen: dass es keine Handhabe mehr gibt, gegen Belästigungen, die unterhalb der Straftatsgrenze liegen und trotzdem das Zusammenleben stören, vorzugehen, dass sogenannte Bagatelldelikte, die für den einzelnen aber schmerzhaft sind, wie Auto- oder Fahrraddiebstahl, kaum noch erfolgreich geahndet werden, irritiert die Menschen zurecht. Dazu gehört auch, dass unsere Demokratie, zum Teil auch wegen der Perversionen der Nazizeit, extrem symbolfeindlich ist. Abgesehen von Fußballweltmeisterschaften oder Gedenktagen, wo gibt es noch gemeinschaftsbegründende Symbolik?

Viele kommen damit nicht zurecht und schieben ihren Frust nun auf die Ausländer: die seien angeblich krimineller, gefährden den Sozialstaat, haben keinen Respekt vor staatlicher Autorität und der Staat gucke tatenlos zu. Das ist Unsinn, fällt aber zum Teil auf fruchtbaren Boden.

Gegen die Faszination des Bösen allerdings hilft nur das Bloßstellen des Bösen, das nicht Dulden, nicht falsches Verständnis. Das Bekämpfen, persönlich und durch den Staat. Nazis muss man Nazis nennen und sie gesellschaftlich isolieren und bekämpfen.

Und trotzdem: die Demokratie ist gefestigt und stark. Wir haben auch die ökonomische und moralische Kraft, viele Menschen aufzunehmen, allerdings nicht grenzenlos. Um diese Kraft zu erhalten ist es aber notwendig, nachvollziehbare Enttäuschungen oder Ängste zu kennen und zu antizipieren und Bösartigkeiten und Hass zu bekämpfen.

Gabrielle Scharnitzky, wirkte als Schauspielerin in zahlreichen TV-Serien, unter anderem in wichtigen Rollen in „Sturm der Liebe“ und „Verliebt in Berlin“ mit. Sie stand in Berlin und New York auf der Theaterbühne und bildet seit 2000 auch Nachwuchsschauspieler aus.

Die Heimat im Herzen

Von Gabrielle Scharnitzky

„Liebet Eure Feinde; segnet, die Euch fluchen; tut wohl denen, die Euch hassen, bittet für die, die Euch beleidigen und verfolgen"

Matthäus 5.44

10. Januar 2016

Als ich im Oktober vergangenen Jahres spontan zugesagt habe, an diesem Buchprojekt teilzunehmen, begann ich sofort zu schreiben. Ich war aus beruflichen Gründen in London, um für die *BBC* das Hörspiel „A Greek Drama" aufzunehmen, in dem ich Angela Merkel verkörperte. Hier in Deutschland waren bereits mehrere Asylheime in Flammen aufgegangen. Man rechnete zu dem Zeitpunkt noch mit ca. 800 000 Menschen, die bei uns in Deutschland Zuflucht suchen werden. Meine Sinne waren also für das Flüchtlingsthema mehr als geschärft und ich erlebte London, in dem ich mich seit Jahren immer wieder aus beruflichen Gründen aufhalte, diesmal mit einem ganz anderen Blick. Mittlerweile sind mehr als 1,1 Mio. Flüchtlinge bei uns registriert, ½ Mio. davon bei uns Asyl suchend. Und es werden täglich mehr. Auch jetzt, während ich schreibe, kämpfen sich Tausende Männer, Frauen und Kinder trotz Schnee- und Eiseskälte über die Balkanroute ihren Weg Richtung Deutschland.

29. November 2015 London
A Greek Drama.

Seit Donnerstag hier. Wieder bei David. Im 7. Stock des Lagerhauses in East London, in dem er seit 17 Jahren ein Loft gemietet und selbst ausgebaut hat. Ich sitze auf dem bequemen Bauhausstuhl vor der großen Fensterfront im Osten, blicke in einen wolkenverhangenen, regnerischen Himmel, Sturmböen zerren an der eisernen Rollade, die ich hochgezogen habe, um von der Ostseite Licht in das Loft zu lassen.

Ich liebe es hier. Fühle mich hier Zuhause. Alles ist rudimentär, einfach, auf das Notwendigste reduziert. Den großen Gasometer in meinem Blick. Hochhäuser am Horizont. Unter mir der Regents Canal, der sich kilometerlang durch East London und hier vorbeischlängelt. Ging gestern bei Sonnenschein meine Lieblingsstrecke am Canal entlang. Ein schmaler Weg. Jogger, Fahrradfahrer. Man muss zur Seite springen, wenn sie an einem vorbei zischen. Natürlich Linksverkehr. Spaziergänger. Die unterschiedlichsten Nationen begegnen sich hier auf diesem Weg. Alle Hautfarben sind vertreten. Ein Konglomerat der Menschheit. Und es ist so normal. Ein seltsames Gefühl der Freiheit begleitet mich jedes Mal wenn ich diesen Weg beschreite. Die Künstlerin in mir kann hier atmen. Etwas darf hier einfach sein.

Vorgestern bei der HSBC Bankfiliale in Bethnal Green, um Geld abzuheben, weil meine Pin an der ATM Maschine nicht akzeptiert wurde. Ich stehe in der Schlange vor der Kasse. Ja so etwas gibt es hier noch. Verhüllte Frauen, dunkelhäutige Männer und dazwischen eine (!) typische Engländerin mit hellblonden Haaren. Die Bankangestellte hinter dem Glasfenster, offensichtlich arabischer Herkunft mit Kopftuch und braun lackierten Fingernägeln, bittet mich ein Formular auszufüllen. Alle sind Engländer hier. Wohnen hier, haben hier ihr Bankkonto. Es ist so normal. Denke an Deutschland und denke, ja, bald wird es bei uns auch so sein. Am Schalter in der Schlange stehen und kaum noch ein deutsches Gesicht sehen. Alles ändert sich. Hier im Ausland kann ich es genießen, weil es normal ist. In Deutschland erscheint es wie eine Bedrohung, wie eine Warnung, dass das Aussterben der eigenen Rasse bevorsteht. Wenn ich in Deutschland an einer schwarz verhüllten Frau auf der Straße vorbeigehe, erwischt mich immer noch eine seltsame Beklemmung. Wenn ich hier an einer schwarz verhüllten Frau vorbeigehe, registriere ich ihr Anderssein. Das ist alles. Mehr nicht. Keine Wertung. Kein Widerstand. Einfach nur Akzeptanz.

Wieso ist das so? Wieso kann ich hier so gut damit sein? Erlebe es als Bereicherung und nicht als Beschränkung. Diese Energie der gegenseitigen Wertschätzung, egal welche Rasse oder Hautfarbe, öffnet alle Poren in mir, lässt mich freier atmen, lässt mich mehr mich selbst sein.

Ich frage mich, wie gehen die Engländer damit um, seit Jahrhunderten mit den unterschiedlichsten Rassen in einer Stadt gemeinsam zu leben. Haben sie diese Angst, die den Deutschen umtreibt, irgendwann mal auch gehabt, oder ist sie nie da gewesen, weil als Seefahrervolk und Kolonialmacht schon seit Jahrhunderten an das Fremde, das Andersartige gewöhnt? Woher kommt diese Angst der Deutschen im Umgang mit dem „Fremden“, mit all dem was nicht deutsch aussieht? Zu wenig Seefahrer gewesen? Zu wenig von der Welt gesehen? Wäre eine sehr einfache und plausible Erklärung.

Ich weiß nur Eines. Wenn ich hier bin, bin auch ich eine Fremde und das öffnet mein Herz. Für die schwarzumhüllte Frau und den beturbanten Inder genauso wie für die Muslime in weißen Kaftanen. Für eben all Jene, die ich, wenn ich „Zuhause“ in Deutschland bin, eher als „fremd“ erlebe. Aber doch nur weil ich meine Heimat als zu mir gehörend, als „mein“ begreife. Aber ich weiß, in letzter Konsequenz „gehört“ nichts mir. Es fühlt sich nach patriarchalischem Stammesbewusstsein an, wenn ich glaube, dass ich mehr Rechte auf meinen Ort habe, weil ich hier geboren bin. Jetzt im Zeitalter der Völkerwanderungen auf Grund politischer oder ökologischer Krisen wird sich das alles ändern. Ändern müssen. Und dennoch. Was bleibt, ist dieses zutiefst menschliche Bedürfnis sich über seine Heimat zu definieren und darin eine Verwurzelung zu fühlen.

In der letzten Wahrheit sind wir alle in dieser Welt aber wir sind nicht von dieser. Wir sind nichts anderes alle Sternenstaub, der wie ein Windstoß über die Erde fegt, um sich dann wieder in der endlosen Weite des Sternenhimmels zu verlieren. Egal wo auf der Welt. Im Grunde sind wir überall in der Fremde, und die wahre Heimat ist aus dem was uns ganz irdisch auf Erden begegnet und dem, was wir als Erinnerungen aus anderen Dimensionen in unserer Seele tragen, wundersam vermischt. Die Reise auf Erden ist ein Geschenk. Auch wenn es manchmal nicht so erscheint.

Die Sturmböen rütteln und schütteln an der Fensterfront. Ich bin glücklich hier.

30. November 2015 London Shaftesbury Avenue, Baptist Church.

Aufnahmen für das Hörspiel „A Greek Drama". Im Keller der Baptist Church. Ein Aufenthaltsraum, den wir hier nutzen. Tische, Stühle, Coffee Bar. Nebenan ein kleiner Raum mit Sesseln, in dem wir die Gespräche zwischen Tsipras, Varoufakis, Schäuble und Merkel aufnehmen. Oder wir tun so, als wären wir in Brüssel, nehmen in den unterschiedlichsten Akzenten Gespräche zwischen Mitgliedern der Eurogroup auf. Heute bin ich erst Angela Merkel, später die finnische Finanzministerin und danach eine Anwältin der Eurogroup, mit starkem italienischen Akzent.

Die Atmosphäre ist entspannt. Der Autor ist anwesend. Hört zu. Gibt seine Kommentare. Der Regisseur sagt kaum etwas, lässt uns machen. Viele Male würde ich – wäre ich Regisseur – intervenieren, auf klarere Aussprache pochen, auf Pausen, entschiedenere Haltungen. Aber nichts von dem. Stattdessen für mich als Deutsche kaum zu verstehen, generell immer ein wohlwollendes „das war gut und jetzt versuche mal das". In Deutschland wäre es anders. Da würde schnell Druck aufkommen, wenn was nicht sofort klappt …" Mist. Ich mach was falsch. Bin nicht gut genug" … Nein. Hier ist die Atmosphäre geprägt von Wohlwollen, Vertrauen in das Können der Akteure. Das Imperfekte ist erwünscht. Darin wird das Menschliche gewertschätzt. Lachen. Entgegenkommen. Freude beim Tun. Meine Furcht nicht zu genügen wird gepuffert, aufgefangen. Einfach nur hier sein die Devise. Die Kollegen sind wundervoll. Panos, der Varoufakis verkörpert und noch nie ein Hörspiel gemacht hat, ist der Entspannteste von uns allen.

Die Einstellung, dass es nicht darum geht, etwas Besonderes zu sein, ist so ein wertvolles, mächtiges Werkzeug, das mir hilft in dem gegenwärtigen Moment zu sein. Sobald ich mich als etwas Besonderes, Wertvolles definiere, beginnt sich ein extremer Druck des Erfüllen Müssens in mir aufzubauen. All das existiert hier nicht. Hier wird einfach Wert darauf gelegt, es als nichts Besonderes zu beschreiben, dass wir grad ein monumentales Ansinnen betreiben. Eine fiktive Dokumentation der letzten Wochen im Kampf um das wirtschaftliche Überleben Griechenlands. Wir versuchen einfach was. Punkt. Und dabei haben wir auch noch Spaß. Alles geschieht liebevoll. Sehr befreiend.

Seit meiner Kindheit erlebe ich den Schmerz des Nicht-Genügens in Deutschland. Im gegenwärtigen Moment, jetzt, gibt es keinen Schmerz, keinen Druck. Jetzt hier, in diesem Moment, ist nichts falsch. Es gibt nichts zu fürchten. Sobald ich allerdings sage: „Ja, aber was ist mit …" schau ich entweder zurück oder sorge mich um das was noch nicht existent ist. Der gegenwärtige Moment ist vertikale Zeit. Die Vergangenheit und die Zukunft sind horizontal. Unser Verstand kann nur mit horizontaler Zeit umgehen. Ich glaube aber, dass man Liebe nur in der vertikalen Zeit finden kann. Wir sagen „Ich liebe Dich“ und nicht „Ich habe dich geliebt“ oder „ich werde dich lieben“. Wir fühlen unsere Essenz, unsere Liebe im Jetzt, in diesem Augenblick.

Deshalb ist mir Meditation so wichtig geworden. In der Meditation habe ich die Chance meinem Verstand zu lehren, was der gegenwärtige Moment ist. Ja, mit dem Verstand kann ich Liebe definieren , aber ich kann sie nicht fühlen. Wenn ich zu sehr im Verstand bin, kann ich nichts wirklich erleben. Das schmerzhafte Gefühl des Getrenntseins von der Welt und von mir selbst, hat mich immer wieder getrieben, Neues zu sehen, zu erfahren. Ich habe die Welt bestimmt schon 15-mal umrundet, getrieben von der Sehnsucht diesen Schmerz der Trennung zu überwinden. Aber egal wo auf der Welt ich mich befand oder befinde, der entscheidende Schritt um in die Erfahrung des gegenwärtigen Momentes und damit in die Erfahrung der Einheit zu kommen, ist den Verstand nicht mehr als Meister zu betrachten. Sondern ihn im Gegenteil auf eine gewisse Art loszulassen, ihm keine Macht mehr geben, um wirklich erfahren zu können was der jeweilige Moment in sich birgt. Um erleben zu können, wie es ist, in die eigene ureigene Essenz zu treten, die nur im gegenwärtigen Moment erfahrbar und nichts als Liebe ist.

Kurze Pause. Rase die Stufen hoch und stelle mich vor die Tür der Baptist Church auf der Shaftesbury Avenue, um meine selbstgedrehte Zigarette zu rauchen. Betrachte das Treiben auf der Straße. Ein Obdachloser fällt mir auf. Vollbepackt mit vielen Taschen, schwerer Rucksack auf seinem Rücken, einen Schlafsack zwischen die Laschen gesteckt. Drei bis obenhin gefüllte Taschen in der rechten Hand. Er beugt sich gerade runter, um mit seiner linken Hand eine weitere große Tasche hochzuheben. Er dreht sich zur Seite und macht sich auf den Weg. Auf der Tasche in seiner linken Hand steht in großen Lettern „BAG FOR LIFE“ … Sein ganzes Leben in den Händen, geht er schweren Schrittes die Straße entlang und verliert sich in der Menge. Sein Zuhause immer bei sich tragend.

2. Dezember 2015
Wieder zurück in Berlin.

Die Angst, die sich in Deutschland breitmacht und im Ausland als die „German Angst“ beschrieben wird, fühlt sich an wie ein alter Vertrauter, der wieder an die Tür klopft. Es erstaunt mich dennoch, mit welcher Schnelligkeit Altes, Verkrustetes, längst Totgeglaubtes jetzt aus dem Kollektiv an die Oberfläche schwappt. Und zwar nicht nur in Deutschland. In Polen erleben wir einen massiven Rechtsrutsch. Die Mitglieder der EU zieren sich und wollen kaum Flüchtlinge aufnehmen. Die Spaltung in unserer eigenen Gesellschaft schreitet voran. Deutschland wird mit dem „Wir schaffen das“ herausgefordert, es tatsächlich zu schaffen und wir wissen und spüren ganz deutlich, dass unser bisheriges Leben eine massive Veränderung erfährt oder erfahren wird. Eines ist sonnenklar. Wir können dies alles nur gemeinsam bewältigen. Nur gemeinsam sind wir stark. Wenn wir Deutschen jetzt auch noch anfangen uns gegenseitig zu verurteilen oder gar uns selbst oder die Flüchtlinge zu bekriegen, mit Gedanken, Worten oder Taten, schwächen wir uns in den Grundfesten. Aber genau die sind jetzt vonnöten. Wir müssen uns aufeinander verlassen können. Ich weiß, ich sollte über die Flüchtlinge schreiben, aber wie kann ich mir das anmaßen. Diese Menschen haben voller Angst vor der Zerstörung durch den Terrorismus des IS und dem Angriff durch die Truppen Assads, das Schlimmste auf sich genommen. Sie haben ihre Heimat verlassen. Sie suchen einen angstfreien Raum und kommen zu uns, wo die Angst gerade Hochzeit feiert. Was besagt ein schönes, gutes, altes, deutsches (!) Sprichwort: „Angst ist ein schlechter Ratgeber!“ Also bitte. Back to the roots!

Viele kennen mich als Schauspielerin, aber nur wenige wissen, dass ich auch als Schauspiel- und Tranformationscoach arbeite und vielen Menschen zur Seite gestanden habe und zur Seite stehe. Anfang der 90er Jahre wurde ich nahe der Niagara Fälle im Cattaraugus-Reservat im Staate New York in den Stamm der Seneca (ein Stamm der Irokesen) aufgenommen und vom weiblichen Häuptling des Stammes, Grandmother Twylah Nitsch, in die Philosophie und praktische Anwendung der indianischen Weisheiten eingeweiht. Ich bekam den Auftrag dieses Wissen an all Jene weiterzugeben, die Rat, Hilfe und die Verbindung zur Schöpferkraft suchen. Zum „Großen Geist“ , wie die Indianer eine Gleichsetzung des christlichen Gottes mit der ursprünglichen Lebenskraft nennen.

Die in jedem Menschen innewohnende, unschuldige Sehnsucht nach Liebe, Freude, Ruhe, Frieden und Harmonie wird als der „Heilige Raum“ bezeichnet und geehrt. Wenn man sich begegnet, begrüßt man sich und damit den Heiligen Raum des Anderen mit einem liebevollen und wertschätzenden AHO. Die Abkürzung für Mitakye Oyasin. All my relations. All meine Beziehungen. Damit wir das Wissen um die Verbundenheit mit Allem was existiert und der tiefe Respekt und die Achtung dafür ausgedrückt. Achtung und Respekt für Mutter Erde und die Elemente; für alle Menschen, egal welcher Rasse oder Nation; für alle Lebewesen auf Erden, im Himmel und im Wasser. Achtung und Respekt für Großmutter Mond und Großvater Sonne, für Vater Himmel, für das Wolkenvolk, die Sternennation und die Galaxien; für alles Sichtbare und Unsichtbare; für unsere Vorfahren. Achtung und Respekt für die universellen Gesetze, denen sich keiner auf dieser Erde entziehen kann. Wir sind alle EINS. Wir sind alle verbunden. Alle meine Beziehungen.

Ein wichtiger Bestandteil der indianischen Lehre ist es, sich immer wieder – egal was um einen herum geschieht – an die größte und höchste Intelligenz anzubinden, die wir in uns tragen – an die Liebe. Die Liebe als reinste und höchste Energie und Lebenskraft kann alles überwinden. Es ist das Gold aller Energien. Nelson Mandela, Mahatma Gandhi, Mutter Teresa waren ein leuchtendes, menschliches Beispiel für diese Energie. Die Liebe macht Schwerter stumpf. Die Liebe findet Wege, die sich der Verstand nicht ausmalen kann. Die Liebe öffnet Herzen und lässt Wunder geschehen.

Nun – werden Sie sagen. Ich bin nicht Nelson, nicht Mahatma, nicht Teresa! Was da in der Silvesternacht in Köln geschehen ist, löst nur eines aus: Wut!! Wie kann es sein, dass Menschen, die tatsächlich in Liebe und Mitgefühl willkommen geheißen wurden, uns nicht mit Achtung und Dankbarkeit begegnen, sondern uns mit Missbrauch, Gewalt und Hohn attackieren. All Jene, die hierhergekommen sind, mit dem Ziel sich zu integrieren und Bestandteil unserer Gesellschaft zu werden, sind in Gefahr von uns Deutschen mit den Angreifern über einen Kamm geschoren zu werden oder zumindest nicht mehr mit derselben Freundlichkeit sondern nur noch mit Vorsicht behandelt zu werden. Der erste tiefe Schnitt hat also bereits stattgefunden. Vergewaltigte Frauen. Die Angst hat neues Futter bekommen. Können wir als Frauen nachts noch alleine auf die Straßen. Die Angst greift um sich. Immer wieder auch in mir.

Die Terroristen wissen darum und nutzen die Energie der Angst um ihre „Feinde" zu schwächen. Sie nutzen auf perfideste Weise eines der universellen Gesetze, das Gesetz von Energie und Aufmerksamkeit. Energie folgt der Aufmerksamkeit. Hier greift das typische Beispiel mit der Parkplatzsuche oder Sie denken an einen Menschen und plötzlich ruft derjenige an. Energie folgt der Aufmerksamkeit.

Nach allem was allein in dem vergangenen Jahr an terroristischen Gewaltakten geschehen ist, ist es ein Leichtes zu denken oder zu sagen oder zu glauben, dass der Terrorismus weiter zunehmen und uns alle zerstören wird. Alle Zeichen deuten ja darauf hin. Jeden Tag werden wir damit konfrontiert. Es fühlt sich an wie eine unumstößliche Tatsache, die mehr und mehr unsere Aufmerksamkeit an sich zieht und mehr und mehr Ängste in uns auslöst.

Und ich spreche hier nicht von der realen Angst. Wenn Sie real Angst vor einem Menschen haben, dem Sie begegnen, dann hoffe ich, dass Sie instinktiv der Botschaft Ihrer Angst folgen und diesem Menschen sofort aus dem Weg gehen. Nein, ich spreche von den irrealen Ängsten, von schlaflosen Nächten oder Tagträumen, in denen sich in der Vorstellung Horrorszenarien vor dem inneren Auge abspielen, während alles um einen herum friedlich ist. Wenn wir dieser Angst folgen, ihr alle unsere Aufmerksamkeit „schenken", uns noch mehr Geschichten ausmalen, verstärken und vergrößern wir sie. Geben ihr mehr und mehr Raum. Geben Sie dieser Angst keinen Raum. Ziehen Sie die Aufmerksamkeit von ihr ab und lenken Sie sie zum gegenwärtigen Moment. Üben Sie sich darin.

Wir stehen vor einer schier unlösbaren Herausforderung, aber aus einer anderen Perspektive auch vor einer unglaublichen Chance. Nämlich die Chance zu unseren Werten zu stehen, sie gegebenenfalls auch zu verteidigen und zur gleichen Zeit aber in einer liebenden und wertschätzenden Haltung zu bleiben. Anstatt nur in Reaktion zu sein und damit die uralten Muster der Trennung, der Gewalt und des Krieges neu zu beleben, haben wir jetzt die Möglichkeit wirklich Neues in die Welt zu bringen. An dem neuen Zeitalter mitzuwirken, dass im Indianischen als die Fünfte Welt bezeichnet wird, in der es keine Trennung mehr gibt. Sondern das Prinzip des Miteinander Teilens gelebt wird. Ist es nicht das was wir als westliche Kultur, die sich in den Grundfesten an christlichen Werten orientiert hatte, wieder zu lernen haben? Die wichtigste Botschaft von Jesus die sich mit der Botschaft der Indianer auf einfache Weise deckt, ist die Botschaft der Wertschätzung. „Geht so mit den Menschen um, wie Ihr selbst behandelt werden möchtet. Denn darin besteht das ganze Gesetz und die Propheten." Und wie wir wissen, war Jesus nicht nur ein niedliches kleines Krippenkind sondern auch ein Wütender. Im heiligen Zorn stieß er die Händler und Räuber aus dem Tempel, um das „Haus des Vaters" zu schützen. Das Haus des Vaters ist im indianischen Sinne nichts Anderes als das Symbol für das universelle, göttliche Gesetz der Liebe. Oder wie Buddha auf die Frage eines Schülers, der einen Räuber anzeigen wollte, aber im Zweifel war, weil er demjenigen nicht schaden wollte, antwortete: Wenn Du ihn anzeigen musst, dann tue es, aber tue es in Liebe.

Als Schauspielerin musste ich immer wieder Menschen verkörpern, die voller Hass und Wut handelten. Aber als Schauspielerin weiß ich eben auch, dass Hass und Wut sekundäre Emotionen von (verdrängter) Trauer und Angst sind.

Es braucht also eine größere Bewusstwerdung. Wir sind gefordert uns unserer Reaktionen und Emotionen bewusster zu werden, um uns nicht von der Emotion der Angst oder Trauer leiten und sie irgendwann in Hass und Wut umschlagen zu lassen … Nehmen Sie Ihre Angst oder Ihre Trauer liebevoll an. Seien Sie gut zu sich selbst. Nähren Sie nicht die Angst, indem Sie ihr noch mehr Raum geben. Wenn Sie wütend sind, seien Sie wütend, aber seien Sie es in Liebe. Wir dürfen es nicht zulassen, dass die Angst, die Wut, der Hass uns von innen auffressen. Denn damit hätten die Terroristen, die unser System missachten und in den Grundfesten zerstören wollen, ihr Ziel erreicht. Angst zerstört die Wurzel. Zerlöchert das Fundament. Als Schamanin kann ich das Energiefeld eines Menschen lesen. Ein angstvoller Mensch hat einen neblige, löchrige Aura. Das heißt, alles Ungute, Negative hat schnellen Zugang zum Energiesystem dieses Menschen, da die Schutzschicht nicht mehr intakt ist. Der Mensch fühlt sich schwach, schlapp, hat keinen Antrieb und im schlimmsten Falle erlebt er extreme Hoffnungslosigkeit.

2. Januar 2016

Die Silvesternacht in Köln ist in aller Munde. Der Schock hat sich tief ins Kollektiv eingegraben. Die Angst hat wieder aufs Neue Nahrung bekommen. Auch in mir fühle ich wie sie wellenartig ins Bewusstsein drängt. Wenn ich auf die Ereignisse der letzten Monate in unserem Lande blicke, fühle ich eine schleichende Veränderung in unserem Volk. Eine Art Angst vor Entwurzelung, vor der Zerstörung der eignen Wurzeln, des eigenen Stammes. Dieses Gefühl löst Angst und damit das Gefühl der Verlorenheit, der Verlassenheit aus. Aber die Wahrheit ist, dass die Wurzeln selbst in Frage gestellt werden müssen. In was bin ich verwurzelt? Was ist denn nun eigentlich wirklich deutsch? Ich habe viele Jahre im Ausland gelebt und wurde auf zum Teil unangenehme, zum Teil aber auch sehr lustige Weise auf mein tatsächliches Deutsch-Sein aufmerksam gemacht. Anfangs habe ich mich noch dagegen gewehrt. Aber dann begann ich es in mir anzunehmen, mich nicht mehr gegen die eigene Tiefe und eine gewisse Melancholie zu wehren. Gegen dieses Bedürfnis den Dingen auf den Grund zu gehen. Sie unbedingt durchschauen und verstehen zu wollen. Aber ich konnte auch sehen, dass darin eine Furcht liegt sich einfach auf das Leben so wie es erscheint einzulassen. Die Kölner sind da als Deutsche eher die Ausnahme. Sie haben auf einzigartige Weise eine Antwort, wie man mit den Ungewissheiten des Lebens eben auch umgehen kann. Mit der großen Gelassenheit der rheinischen Frohnatur: „Es kütt, wie es kütt und es is noch immer jut jejange.“ Das nenne ich Vertrauen und ich wünsche allen Kölnern, dass sie genau dies, trotz aller Geschehnisse in der Silvesternacht, nicht verlieren sondern darin verwurzelt bleiben.

12. Januar 2016

Neue Horrormeldung. Istanbul. Selbstmordattentäter. Touristen starben. Darunter auch Deutsche. Das ist unsere neue Realität. Was gilt es zu tun, wenn die Wellen der Angst einen mitreißen wollen? Irgendwelche Beruhigungsparolen greifen da nicht mehr. Das weiß ich aus Erfahrung. Das wirkliche Stärken kann nur in Liebe geschehen. Und da gilt es, sich wie im Flugzeug bei Druckabfall, als Erstes selbst zu versorgen, damit man dann Anderen helfen kann. Mit was kann ich mich versorgen? Mit der Energie der Liebe. Energie folgt der Aufmerksamkeit. Deshalb seien Sie so liebevoll wie nur möglich, zu allem was Sie sind. Lassen Sie die Energie der Liebe zu Ihrem Sauerstoff werden. Die Liebe ist stärker als jede Angst. Wir haben die Fähigkeit – ein Talent – wie es die Indianer nennen, das es uns ermöglicht Energie zu lenken. Und das ist die Fähigkeit zu wählen. Ich kann wählen, kann entscheiden, ob ich in dem Zustand der Angst oder in dem Zustand der Liebe sein möchte. Das Gehirn, das Bewusstsein, die Aufmerksamkeit kann sich immer nur auf Eines fokussieren. Wenn ich mich also auf die Schwingung der Liebe fokussiere, geschieht eine energetische Veränderung im Körper.

Die Körperzellen reagieren sofort. In Sekundenschnelle. Sie können es ja einmal ausprobieren.

Setzen Sie sich ruhig und entspannt auf einen Stuhl, nehmen Sie mit Ihren Füssen guten Kontakt zum Boden auf, atmen Sie zwei- bis dreimal tief ein und aus. Dann stellen Sie sich vor Ihrem inneren Auge eine unangenehme Situation vor. Sie werden sofort Enge im Brustkorb fühlen, der Atem wird flacher, ein Gefühl des Unwohlseins tritt ein. Dann lassen Sie diese Vorstellung gehen. Atmen Sie wieder zwei- bis dreimal tief ein und aus. Und dann stellen Sie sich eine angenehme, freudige Situation vor, z. B. Urlaub am Strand oder eine fröhliche Runde mit Freunden, und auch hier wird Ihr Körper sofort reagieren. Der Brustkorb weitet sich und das Gefühl der Sicherheit, des Umfangenseins, der Freude macht sich im Körper breit. Vielleicht zaubert sich plötzlich wie von selbst ein Lächeln in ihr Gesicht. Dann lassen Sie auch das wieder gehen. Atmen Sie wieder und stellen Sie sich wieder eine unangenehme Situation vor. Innerhalb von Sekunden verändert sich der energetische Zustand von Freude hin zu Angst und Beklemmung. Machen Sie das mehrmals und lassen Sie die Übung im Zustand der Freude enden. Dies soll Ihnen als Beweis dienen, dass Ihr Körper immer sofort das erlebt was Sie denken. Der Körper kann nicht unterscheiden, ob die vorgestellte Situation real oder fiktiv ist. Er reagiert sofort. Und? Wollen Sie Ihrem Körper die Energie der Angst zuführen? Oder doch vielleicht lieber die Energie der Freude und damit all ihre Zellen in einen balancierten, gestärkten Zustand bringen? Denn was auf uns in Zukunft auch noch zukommen mag, im Zustand der Angst oder gar des Hasses lässt es sich nicht meistern. Um ein weiteres Auseinanderdriften innerhalb unserer eigenen Gesellschaft und Gemeinschaft zu verhindern, würde ich mir wünschen, dass wir Deutschen in Liebe zu unserem Land wieder lernen einander mehr zu vertrauen, einander wertzuschätzen, offen aufeinander zuzugehen, auch dann wenn wir anderer Meinung sind. Meine Erfahrung ist, dass der Versuch den Anderen von meiner Meinung überzeugen zu wollen, meist ins Leere läuft und relativ sinnlos ist. Im Gegenteil – das Beharren auf Standpunkten kann den Widerstand noch verstärken und damit womöglich sogar die Verhärtung tiefeingegrabener Überzeugungen oder in der letzten Konsequenz Vertrauensverlust bewirken. Zu seiner eigenen Meinung stehen. Ohne die Meinung des Anderen zu verurteilen, bedeutet in der Energie der Liebe zu bleiben. Ich weiß, ich weiß. Das hört sich leichter gesagt an, als getan.

Grandmother Twylah hatte mir dazu einen Rat gegeben und mich auch immer wieder daran erinnert. Diesen Rat möchte ich jetzt an Sie in vollem Respekt weitergeben: „… Sei kein Lehrmeister, sei kein Besserwisser, sei kein Vorbild – das Einzige, was Du zu tun hast, ist Beispiel zu sein. Auch wenn Du diesen Menschen nicht mögen oder lieben kannst, auch wenn Du anderer Meinung bist: ehre und achte den heiligen Raum des Anderen so wie Du Deinen heiligen Raum ehrst und achtest. Sei Beispiel dafür, was es bedeutet, die Wahrheit des Großen Geistes zu vermitteln. Walk your talk. Sei das, was Du sagst. Lass Deine Worte und Dein Handeln eins sein. Bleib in der Liebe …“

In diesem Sinne. Seien Sie im gegenwärtigen Moment und schenken Sie dem nächsten Menschen, dem Sie begegnen, ein Lächeln.

AHO.

Mitakye Oyasin.

Uwe-Karsten Heye war ein enger Vertrauter des SPD-Politikers Gerhard Schröder. Er arbeitete als sein Regierungssprecher sowohl in Hannover, als Schröder niedersächsischer Ministerpräsident war, als auch von 1998 bis 2002 in der gleichen Funktion für den Bundeskanzler Schröder. Heye, 1940 geboren, ist Vorstandvorsitzender des Vereins „Gesicht zeigen. Für ein weltoffenes Deutschland".

Terror von rechts. Es braut sich etwas zusammen
Die Geflüchteten und wir

Von Uwe-Karsten Heye

In Aachen sangen am 1. Advent Schulkinder für die ankommenden Flüchtlinge, damit sie sich aufgenommen fühlen: „Hey, so soll es sein, du bist nicht allein …“. Der VfL Osnabrück veranstaltete passend zum Heimspiel an einem Wochenende rund ums Stadion ein Willkommensfest. In Obersontheim – wer nicht weiß, wo das zu finden ist: Das liegt gleich neben Bühlertann und kurz vor Michelbach an der Bilz, im Landkreis Schwäbisch Hall – haben sich 44 Ehrenamtliche zusammen getan, um die Ankunft von 55 Flüchtlingen vorzubereiten. „Ihnen ist die freudige Spannung anzumerken“, stand im Haller Tagblatt. Der VfL Osnabrück hat zur Belohnung gegen den Chemnitzer FC 2:0 gewonnen.

Nachrichten aus der Zeit, als Willkommenskultur Deutschland zu verändern schien, Empathie Vorfahrt hatte und das Klima bestimmte. Nun ist das Wort „Gutmensch“ zum Unwort des Jahres 2015 geworden, weil, so dachte wohl die Jury, es durchaus eine abwertende Konnotation habe, eher mit Naivität unterlegt und gern gegen jeden Realitätssinn gerichtet gebraucht werde. Erstaunlich, dass darunter angeblich auch Angela Merkels optimistisches „Wir schaffen das!“ fallen soll. Angela Merkel als Kanzlerin der Gutmenschen, die offenbar vor Humanitätsduselei nicht weiß, was sie da anrichtet. So jedenfalls die Stimmungslage in Dresden und wie es scheint, in der CSU, die immer drohender ein Ende des Flüchtlingsstroms anmahnt, ohne allerdings genau zu sagen wie das gehen soll. Und überdies mit einer Klage vor dem Verfassungsgericht droht.

Rund 900 000 Flüchtlinge sind in der zweiten Hälfte des vergangenen Jahres gekommen. Und 2016 kommen täglich weitere zweitausend. Nicht überall ist der Empfang so nett wie in Aachen, Obersontheim oder Osnabrück. Allzu oft hören wir ganz andere Nachrichten: Mehr als 900 Angriffe gegen Flüchtlinge und Flüchtlingsunterkünfte und gut hundert Brandstiftungen seit Sommer 2015 bis heute. Brennende Häuser, in die Flüchtlinge einziehen sollten. Busse werden blockiert, mit Steinen beworfen, wenn Flüchtlinge in ihre Unterkünfte gebracht werden sollen. Und dann noch der Aufmarsch eines rechtsradikalen Mobs vor ihrer Unterkunft, der bösartige und hasserfüllte Parolen skandiert, die auch im Netz in ihrer fürchterlichen Gnadenlosigkeit nachlesbar sind. Die bislang für mich schlimmste Hassmail im Netz lautet: „Die Gleise nach Auschwitz liegen noch." Und das 60 Jahre nach den Auschwitzprozessen, die das ganze Ausmaß der braunen Mordtaten belegen. Aus den Niederlanden kam die Meldung: In der Nähe der Stadt Enschede haben Unbekannte abgehackte Schweineköpfe vor einer geplanten Flüchtlingsunterkunft platziert. Menschenfeindlichkeit ist grenzüberschreitend und kennt offenbar keine Tabus. Gott sei Dank haben die künftigen Bewohner das nicht gesehen.

Nun sollen es also zum wiederholten Male Kontingente richten, um den Flüchtlingsstrom zu bremsen. Die Vorsitzende der CDU in Rheinland-Pfalz entdeckte erneut die Grenzlager, die als eine Art Rückstaubecken dienen sollen, in denen Flüchtlinge registriert und ihnen in unterschiedlicher Weise nach Tageskontingenten die Weiterreise erlaubt wird. Gleichzeitig sollen alle, die nicht nach Deutschland wollen, aussortiert und zurückgeschickt werden. Wenn das Familien mit Kindern trifft, ist absehbar, wie die mediale Bebilderung dieses Vorganges mit weinenden und verstörten Kindergesichtern mitten ins Herz treffen wird, oder alte und junge Menschen zeigen, die in wachsenden Zeltstädten an der Grenze nach Bayern vegetieren müssen. Da wird Deutschland schnell den gerade erworbenen guten Ruf „Refugees Welcome“ wieder verlieren.

Für den türkischen Präsidenten Erdogan hätte es hingegen nicht besser laufen können. Er soll der EU aus der Patsche helfen, die unfähig ist, sich auf eine gemeinsame Politik zu verständigen, was Frau Merkel in Bedrängnis bringt. Drei Milliarden Euro soll er für zwei Millionen Flüchtlinge erhalten, die in seinem Land Zuflucht gefunden haben, von denen rund 200 000 in Camps festgehalten werden. Der Rest kampiert auf den Straßen des Landes. Das Geld soll dafür ausgegeben werden, dass sich die Lage der Flüchtlinge dort bessert, womit zugleich verhindert werden soll, dass sie sich weiter über das Mittelmeer und Griechenland in die EU, vor allem nach Österreich und Deutschland begeben. Die drei Milliarden werden wohl nicht reichen, um die Türkei zur Schließung ihrer Grenzen zu veranlassen und den Exodus über das Mittelmeer zu beenden. Mithin bleibt es dabei, dass die maroden Schlauchboote der Schlepper in der von Herbststürmen aufgeregten See weiter in Seenot geraten und hunderte Flüchtlinge, und viele Kinder im Massengrab zwischen der Türkei und den griechischen Inseln den Tod finden.

In Europa aber ist man froh über jeden Flüchtling, der nicht, oder nicht so schnell kommt, denn so genau will man gar nicht wissen, wie die Türken das managen. Die Flüchtlinge aus Syrien, die in der Türkei stranden, sind Unterpfand für das Erdogan-Regime und garantieren, dass internationale Beobachtung und Reaktionen nicht zu fürchten sein werden, sollte das Geld doch in andere Kanäle, als in die Verbesserung der Lage für die Flüchtlinge fließen.

Denn nach wie vor, das berichtete die Zeitung Cum Hürriyet, unterstützt die Türkei den IS mit Waffenlieferungen. Alles ist recht, was einen Kurdenstaat verhindern hilft. Jede Nacht, so war zu lesen, wechselten mit Waffen beladene LKWs über die Grenze nach Syrien. Prompt wanderten der Chefredakteur und ein Reporter des Blattes ins Gefängnis, ihnen wird Spionage und Mitgliedschaft in einer kriminellen Vereinigung vorgeworfen. Kritiker Erdogans wie der kurdische Menschrechtsanwalt Tahir Elcir werden auf offener Straße erschossen.

Folgerichtig in Brüssel bei der Sondersitzung und in Anwesenheit des türkischen Regierungschefs dazu kein Wort der Missbilligung. Realpolitik ist angesagt und wer mochte da die Türkei mit kritischen Bemerkungen behelligen? Hauptsache die zwei Millionen Flüchtlinge bleiben erst mal dort. Irgendwann sollen sie in Kontingente aufgeteilt und schubweise nach Europa weiterziehen können. Allerdings haben sich nur neun EU-Mitglieder bereit erklärt, noch zu bestimmende Kontingente auch aufzunehmen.

Die anderen 18 Mitgliedsländer verweigern sich weiter. In der Europäischen Union ist „burden sharing" bislang nicht durchsetzbar. Deutschland wird wohl weitgehend ohne Unterstützung aus der EU bleiben, wenn es darum geht, bedrängte Menschen aus Bürgerkriegsländern aufzunehmen.

Nachdem Österreich ankündigte, die Zahl der Flüchtlinge durch Obergrenzen eindämmen zu wollen, fühlte sich die CSU erneut aufgerufen, das gleiche zu fordern. Dies, obwohl sie wissen kann, dass das Asylrecht Obergrenzen nicht zulässt. Zudem sind weder im Völkerrecht noch in der Genfer Flüchtlingskonvention Obergrenzen vorgesehen. Es lohnt, sich in diesem Zusammenhang die Geschichte der Genfer Flüchtlingskonvention noch mal ins Gedächtnis zu rufen: Sie wurde auch deshalb begründet, weil 1938 der Versuch gescheitert war, für aus Deutschland geflüchtete Juden Aufnahmekontingente festzulegen. Flüchtlingsfragen, das ergibt sich daraus, gehen die ganze Welt etwas an, das ist die Kernidee der Genfer Konvention.

Alles fixiert sich auf den Terror des IS, der nach dem Attentat in Ankara und dem Tod deutscher Urlauber, bedrohlich näher gekommen ist. Es ist eben dieser Terror, der Menschen zu Flüchtlingen werden lässt. Sie laufen um ihr Leben und nehmen gefährliche Wege auf sich, um zu überleben. Es ist schäbig, wenn jeden Montag in Dresden aus Opfern Täter gemacht werden. Umfragen belegen, die Mehrheit von ihnen würde lieber heute als morgen wieder zurückgehen und das eigene Land wiederaufbauen.

Die größte innenpolitische Herausforderung des demokratischen Rechtsstaates allerdings ist nicht unmittelbar der IS, sondern der Terror, der das Land vom rechten Rand der deutschen Mehrheitsgesellschaft bedroht. Da liegt derzeit die größte Gefahr für den inneren Frieden. Wir haben den religiös begründeten Terror von Außen mit fehlgeleiteten Gefährdern, auch solchen mit deutschem Pass. Und wir haben den deutschen rechtsextremen Terror im Innern, der sich durch leichtfertiges Gerede auch aus dem politischen Raum ermuntert fühlen kann. Da braut sich etwas zusammen: Der Kampf von Rechtsaußen gegen Flüchtlinge einigt den bislang weitgehend losen Verbund neonazistischer Kameradschaften, die Aktionen planen, die sich auch strategisch gegen das verhasste demokratische System richten. Der Verfassungsschutz konstatiert zunehmende Gewaltbereitschaft von rechts und sieht 12 000 bis 15 000 gewaltbereite Rechtsextremisten im Land. Die AfD entwickelt sich dabei zu ihrem neuen bürgerlich drapierten parlamentarischen Deckmantel, der für Rechtsextreme und für das Prekariat bis zur Mitte der Gesellschaft wählbar erscheint. Da muss hingesehen werden, und hier muss Demokratie wehrhaft sein, wehrhafter als bisher.

Auch auf den institutionellen Rassismus ist zu achten, der bei der Verfolgung des Nationalsozialistischen Untergrunds über ein Jahrzehnt die Ermittler in die von eigenen Vorurteilen gepflasterte Irre führte. Nicht nur der NSU brauchte polizeiliche Ermittler nicht zu fürchten. Daran hat sich nichts geändert. 900 Attacken gegen Flüchtlinge und mehr als 100 Brandanschläge gegen ihre Unterkünfte und bislang kaum ein verurteilter Täter, in acht weiteren Fällen ermitteln Staatsanwaltschaften. Ist das Verfolgungsdruck?

Ich habe vor 15 Jahren „Gesicht Zeigen“ gegründet, zusammen mit dem damaligen Vorsitzenden des Zentralrats der Juden Paul Spiegel. Schwerpunkt unserer Arbeit ist weiter der Kampf gegen Rechtsextremismus. Seit dem Mauerfall sind rund 180 Tote, Opfer rechtsextremer Gewalttaten in Deutschland, zu beklagen. Ungezählte verletzte Opfer gibt es zudem, die unbeachtet bleiben, obwohl sie oft psychische Folgen verkraften müssen, die manchen traumatisiert und berufsunfähig werden ließ. Der Verfassungsschutz zählt rund 10 000 gewaltbereite Rechtsextremisten in Deutschland. Wie es scheint, wird die AfD zusehends zum Sammelbecken auch enttäuschter NPD-Mitglieder und Wähler. Das Bundesinnenministerium beantwortete kürzlich auf eine Anfrage der Linken im Bundestag, dass gegen rund 370 Rechtsextremisten, die gesucht werden, Haftbefehle nicht vollzogen werden konnten. Sie seien nicht auffindbar. Gibt es bereits eine Nachfolgeorganisation der NSU oder bildet sich diese gerade? Diese Herausforderung und wachsende Gefährdung der Flüchtlinge durch einen aggressiven und gewaltbereiten Rechtsextremismus müssen wir annehmen und gemeinsam zurückweisen. Zu erinnern sind die Schreckensorte Solingen, Mölln, Rostock-Lichtenhagen! Heute tobt der rechte Mob überall. Gehen wir mit deutschem rechten Terror nachsichtiger um? „Homegrown“ – deutscher Mob?

Dagegen stehen alle die, die in den Flüchtlingsheimen ehrenamtliche Arbeit leisten, Menschen, die bis zur Erschöpfung arbeiten – und dann doch am nächsten Tag wieder kommen. Das zügelt Skepsis und stärkt die Hoffnung, dass unser Land die Herausforderung bestehen kann.

Auch „Gesicht Zeigen“ hat Projekte, die sich einfügen in das, was wir uns angewöhnt haben als Willkommenskultur zu bezeichnen. Es ist ein junges Team, dass „Gesicht Zeigen“ mit einfallsreichen Projekten trägt. Im Theaterzelt „Tipi am Kanzleramt“ in Berlin ein bunter Nachmittag mit fröhlichem Programm für 500 Flüchtlinge mit Kind und Kegel, die auf Farsi, Arabisch und

Englisch eingeladen, mit Bussen von ihren Unterkünften abgeholt wurden – und die einfach nur einen sorglosen Nachmittag haben sollten, mit Essen und Trinken und Musik. Es war ein schöner Tag, sicht- und hörbar in befreiender Stimmung. Jeden Dienstagabend lädt „Gesicht Zeigen“ zudem in den Räumen unserer interaktiven Ausstellung „7mal/jung“ zu einem Sprachcafé ein, in dem mittlerweile einige hundert Stunden Deutschunterricht gegeben wurden. Sie kommen mit und ohne Kinder und genießen drei Stunden außerhalb ihrer Unterkunft. Es werden Brote geschmiert für ein kleines Abendessen. Die Lehrer/Innen kommen in ihrer Freizeit und ehrenamtlich. Und wir merken uns Namen wie Fadi, Marah, Haissam, Hati-bilo oder Media. Sie kommen aus dem Iran, Syrien, Afghanistan oder Irak.

In der Ausstellung selbst waren zudem bislang mehr als 12 000 Jugendliche zwischen 13 und 18 Jahren, Klassen aus Berliner Schulen oder solchen, die zum obligaten Besuch aus der Republik in die Hauptstadt kommen, um hier einen Tag auf dem von uns eingerichteten „Trainingsplatz für Zusammenhalt und Respekt“ zu verbringen, um eben dies zu trainieren. In sieben Themenräumen kommen die jungen Menschen zumeist schnell ins Gespräch: Die Ausstellung vermittelt den Jugendlichen, wohin Antisemitismus, Rassismus, Ausgrenzung und Diskriminierung führen können und was man heute dagegen tun kann. Zugleich kommen Delegationen aus aller Welt, die das Auswärtige Amt zu uns schickt und die eine Holocaust-Education erleben, die auf überraschende Weise den Brückenschlag zwischen damals ins Heute schafft.

Es sind Schulklassen mit hohem Migrations-Anteil. In Deutschland geborene Jugendliche erfahren, oft zum ersten Mal, dass unter ihnen Gleichaltrige sind mit eigener Fluchtgeschichte und hier, bei uns, erfahrener Ausgrenzung. Dort ist das Gespräch möglich, zu dem der Alltag in der Schule keinen Platz zu bieten scheint. Manche Lehrer, die ihre Klasse begleiten, sehen und hören einfach nur zu und lernen ihre Schüler oft neu kennen. Die

Einträge der Jugendlichen in das Gästebuch zeigen, dass wir da einen guten Weg beschreiten.

Die Finanzierung der Ausstellung und für die qualifizierten „Teamer", donnerstags auch für Publikumsverkehr geöffnet, ist auch für das nächste Jahr gesichert. Das Familienministerium hat die Bundesmittel zur Bekämpfung des Rechtsextremismus erhöht. Jetzt stehen auch Gelder für vorbeugende Projekte zur Verfügung, die sich um jugendliche Einwanderer kümmern, die im Fokus von Islamisten stehen. Wir sind dabei, auch da neue Wege zu gehen. Und je besser wir die Flüchtlinge dienstags im Sprachcafé oder die Einwandererkinder in unserer Ausstellung kennenlernen, umso deutlicher das Gefühl, dass unsere Gesellschaft in der Vielfalt reicher und nur durch Einfalt ärmer würde.

„Die bislang schlimmste Hassmail im Netz lautet: ‚Die Gleise nach Auschwitz liegen noch'. Und das 60 Jahre nach den Auschwitz-Prozessen, die das ganze Ausmaß der braunen Mordtaten belegten."

Uwe-Karsten Heye

Marina Lessig, Magistra der Philosophie, ist seit ihrer Jugend bildungs-, migrations- und sozialpolitisch aktiv und bekleidet aktuell ehrenamtlich ein Amt als Vorstand des Kreisjugendring München-Stadt. Als solche kam sie ursprünglich, um Ehrenamtliche zu unterstützen an den Hauptbahnhof, war dort bald Teil des Schichtleiterteams und ab dem ersten Wochenende die Hauptkoordinatorin der spontan Helfenden in der akuten Situation. Seit Anfang 2016 ist sie Vorsitzende des Verein „Münchener Freiwillige – Wir helfen", der Nachfolgeorganisation der Initiative, die sich am Münchner Hauptbahnhof gebildet hatte.

Dominic Herold, Philosophieabsolvent, war zunächst ehrenamtlich als Einsatzleiter der Freiwilligen in der größten Münchener Notunterkunft „Messe Riem" aktiv. Dabei koordinierte er täglich 750 Helfer und Helferinnen, um die mehr als 20 000 Geflüchteten zu versorgen. Nach seinem ehrenamtlichen Engagement wechselte er hauptberuflich in die Koordinierungsstelle der Freiwilligen in München. Zusammen mit Marina Lessig und vielen anderen gründete er Anfang des Jahres den aus der Initiative entstandenen Verein „Münchener Freiwillige – Wir helfen".

Die Ästhetik des Helfens

Von Marina Lessig und Dominic Herold

München, Anfang des Jahres 2016. In den vergangenen vier Monaten hat sich unsere Stadt deutlich verändert, ging einmal um die Welt und ist doch immer noch wie sie immer war: München, Weltstadt mit Herz. Im Rückblick romantisiert und glorifiziert man gerne, und doch ist der besondere Ereignischarakter des Geschehenen im September nicht von der Hand zu weisen. Hinter uns liegen vier Monate, die das politische Gesicht einer Stadt so sehr geprägt haben, wie selten zuvor – ein Akt des ästhetischen Widerstands von Bürgern und Bürgerinnen. Eine Gegenwehr, die sich zum Ziel setzte, nicht wie mancherlei Politiker in Polemik oder abstruse Zahlenspiele mit moralisch bedenklichen Höchstgrenzen zu verfallen, sondern an der Basis der humanitären Hilfe zu arbeiten. Eine Bewegung in ihrer eigenen Weise so radikal wie auch sanft und deshalb wohl so berührend. Der unerträglichen humanitären und politischen Situation für Geflüchtete in Europa stellten die Münchnerinnen und Münchner die emotionalen Bilder geteilter Freude, Respekts, Berührung und Solidarität entgegen. Bilder von Polizisten, die einem Flüchtlingsjungen eine Mütze aufsetzen, Menschen, die zur Begrüßung klatschen, die Süßigkeiten und Teddybären reichen und Wasser- und Schlafsackketten bis spät nachts.

Humanitäre Hilfe als kleinster gemeinsamer Nenner hatte sich nicht aus einem grundsätzlichen gemeinsamen politischen Verständnis herausgebildet. Der Antrieb des Engagements lag vielmehr an einem Selbstverständnis, das den einzelnen Menschen zurück in die Mitte seines Handelns setzte: „Wir wollen da sein" hieß die Maxime, die sich die Initiative der Freiwilligen HelferInnen nicht nur plakativ auf die Fahnen schrieb, sondern tatkräftig umsetzte. Nah am Mensch sein und da sein, wenn er einen braucht, weil er Mensch ist, weil wir alle gleich sind. Im Akt des Helfens entstand darüber hinaus für die Helfenden selbst ein motivierendes wie auch bereicherndes Erlebnis: Der abstrakte Wert der Gleichheit wurde erfahrbar. Nicht in der Begegnung mit Geflüchteten, sondern im Umgang miteinander selbst. Im Miteinander beim Helfen wurden Menschen Partner und Freunde ohne Anschauung des Hintergrunds und deren Weltanschauung, die vorher wohl nie zusammengekommen wären. Professoren trugen auf Anweisung ihrer Studierenden Bierbänke, während ein Obdachloser und eine CEO gemeinsam lachend Semmeln schmierten. Wir selbst wurden durch unser Tun wichtig im Nicht-Wichtig-Sein. Völlig unaufgeregt, gelassen und selbstverständlich. Wie wichtig es war, dass der Helfende selbst zählt, ohne einen Helferkult zu entwickeln und sich eben daraus ein überaus authentischer Moment ergab, der eben deshalb so überzeugend war, bestätigte sich spätestens als eine Gruppe aus Übersee sich meldete, die Geld für eine Helferparty gesammelt hatten.

Mit viel guter Laune und Eifer meisterten das Kollektiv Stadt so zur Spitze immerhin zwei Wochenenden, an welchen je über 30 000 Geflüchtete München erreichten und schafften es jedem Geflüchteten Obdach, Kleidung, Nahrung und Wasser zukommen zu lassen. Weit über 4000 spontane Freiwillige managten drei Notunterkünfte, die humanitäre Versorgung an einem Bahnhof und begleiteten zu Fuß Geflüchtete, zur Unterkunft, um die Polizei zu entlasten. Aber wie ermöglichten ganz viele Unbekannte, was Regierung und Katastrophenschutz nicht für möglich hielten? Wie konnte sich ein solches Selbstverständnis – in Zeiten eines politischen Über- und Verdrusses und eher geringerem bürgerschaftlichen Engagement – ausbilden? Oder anders gefragt: Wie schaffte es München, innerhalb von vier Monaten über 175 000 Geflüchtete Menschen zu versorgen, dabei nicht überfordert zu sein, sondern ein Fanal der Menschlichkeit abzusenden? Es wäre gelogen zu sagen, die Münchnerinnen und Münchner wären nicht vorbereitet gewesen und das aktionistische wäre neu. Es wäre aber auch gelogen zu sagen, dass es in dieser Form nicht einmalig gewesen wäre. Und es wäre gelogen, wenn es nicht zu der radikalen Wendung beigetragen hätte, dass München so weitermachen wird, wie bisher. Doch der Reihe nach …

Am Anfang war das Chaos

Es wäre verlogen, würde man die Flüchtlingsthematik auf das Ankommen der im vierten Quartal des Jahres 2015 in Bayern eingereisten Geflüchteten reduzieren. Griechenland, Italien, die Türkei, der Libanon oder Jordanien – sie alle sind seit dutzenden von Monaten und Jahren damit beschäftigt, fliehende Menschen zu versorgen. Deutschland schaute lange weg. Ein ganzes Land, beinah ein ganzer Kontinent sah sich nicht in der Verantwortung. Doch selbst wenn ein Land wegschaut, bedeutet dies nicht, dass hinter dem selbst gesetzten und scheinbar gänzlich intransparenten Schleier, gar nichts passiert. Das ist das Absurde daran, die Welt dreht sich – weiter und weiter, ganz ohne unser Dazutun. Lange Zeit aber ging der Blick nicht in die Krisengebiete, oder dauerte zumindest nicht länger als wenige Minuten Tagesschau an. So (ver)suchten tausende von Menschen ihr Glück über Wasser und Land, verpfändeten ihr Leben und das ihrer Liebsten, um Krieg und Terror zu entfliehen. Angetrieben vom innersten Begehren eines jeden Menschen. Eines Tages nicht nur mehr zu überleben, sondern zu leben. Demgemäß ist es natürlich nicht verwunderlich, dass auch vor der sogenannten „*Münchener Willkommenskultur*“ Hunderte von Geflüchteten in München ankamen – die Resonanz, das Wissen und die sich daraus ergebende Konsequenzen waren jedoch eher gering.

Das änderte sich schlagartig als Ende August plötzlich mehr als tausend Menschen stündlich am Münchener Flügelbahnhof eintrafen. Die klassischen Medien berichteten schnell und die Online-Kanäle dienten als rasend schnelle Multiplikatoren. Die Nachricht, dass Hilfe – von der keiner so genau wusste, wie diese aussieht – gebraucht wird, verbreitete sich in Windeseile. Das, was man wusste, war so unbestimmt und doch ausreichend an Informationen. *Menschen auf der Flucht kommen in München an. Sie brauchen Hilfe.* Elf Wörter, die alles bereithielten, was zum Helfen notwendig war. Daraufhin bildeten sich Facebookgruppen, die heute mehr als 16 000 Mitglieder zählen. Die Polizei retweetete Twitterposts der Initiative und jede(r) kannte in seinem Freundes- und Bekanntenkreis mindestens eine Person, die schon geholfen hatte oder in Begriff war zu helfen. München entzündete ein Leuchtfeuer und trug es über die Dächer der Stadt. Man half nicht einfach so, man machte es nicht, weil es alle machten, man machte es nicht aus Hysterie: es gehörte zum guten Ton unter den Bürgern und Bürgerinnen.

Was war daran das Bemerkenswerte? Es blieb nicht einfach nur bei der sich zunächst sich selbst gebildeten Masse an Menschen, es brauchte Systeme, Pläne und ein gegenseitiges Vertrauen auf die Münchener Zivilgesellschaft, dem Chaos Herr und Frau zu werden. Die Stadtverwaltung gestand ihren Bürgerinnen und Bürgern ein Höchstmaß an Vertrauen zu, von dem man denken sollte, dass es selbstverständlich sein müsste. Dass die Bürgerinnen und Bürger in der Lage sind, selbst bestimmen zu können, wofür gerade Struktur und öffentliche Mittel benötigt würden, um auch selbst zu entscheiden, wie Menschen in München empfangen und behandelt werden sollten.

Wer versucht, Erfolgsrezepte rückwirkend zu erklären, läuft meistens Gefahr, wichtige Parameter über- oder unter zu bewerten, weil eben auch sie nicht vor Subjektivierung gefeit sind. Innerhalb der Initiative, die sich unter dem Band der Freiwilligen Hilfe vereinigt hat, gehörte vor allem die Niederschwelligkeit zur Ästhetik des Helfens. Menschen, ungeachtet ihres Alters, Geschlechtes, Sozialstatus oder ihrer Religion kamen, waren da, halfen, gingen wieder, wenn sie nicht oder nicht mehr gebraucht wurden. Sie mussten sich nicht stundenlang registrieren, mussten kein Einführungscamp besuchen oder sich auf ein politisches Parteibuch verständigen. Kommen, um da zu sein. Helfen, um zu helfen. Man schleppte Kisten, sortierte Kleidung, gab Essen aus, kochte Tee, malte Plakate. Manche kamen genau deshalb das erste Mal von ihrer Couch, andere alte Hasen konnten sich so auf etwas Neues einlassen. Über dieser Heterogenität der Helfenden schwebte mitnichten ein vorgefertigter Masterplan. Es gab nicht diese eine Strategie, die verfolgt wurde. Vielmehr bildete sich im Spätsommer in München ein Krisenmanagement aus sich selbst, aus der Mitte der Gesellschaft heraus. Ein an den Menschen ausgerichtetes Helfen, dass mit staatlicher Struktur nur bedingt abzudecken war. Dazu gehörte vor allem der Mut, Verantwortung zu übernehmen und die Menschlichkeit, Fehler machen zu dürfen. Vielleicht waren wir deshalb so erfolgreich, weil wir uns nicht davor scheuten, eine Kultur des Scheiterns auszubilden und daran zu wachsen. Zwar hatten wir Menschen unter uns, die krisen- und katastrophenerfahren waren und deren Expertise uns half, doch es stellte sich schnell heraus, dass es gar nicht DIE Expertise geben kann. Für dynamische und unvorhergesehene Situationen gibt es keine Lösung aus der Konserve. Die „Wuselintelligenz", die wir entwickelten, die Intelligenz des Scheiterns, funktionierte mitnichten von Beginn an. Vielmehr ging sie zu Beginn sich selbst und den Einsatzkräften im Weg um. Doch auf Basis der Lösungsprinzipien „Mia haltn zam', wenn's drauf ankommt", „Pack ma's" und „Jeder g'hört an Tisch", entwickelte sich schnell ein gemeinschaftlicher Pragmatismus, sowohl was Durchlässigkeit und

Niederschwelligkeit für die Münchner Bevölkerung anging, als auch was die Zusammenarbeit auf Augenhöhe mit den offiziellen Hilfskräften anging. In wohl keiner anderen Stadt saßen am zweiten Tag der Hilfe bereits mehrere Abteilungen des Sozialreferats mit Jugendamtsleitung persönlich auf Bierbänken in einem imaginären Büro mitten im Geschehen bei Geflüchteten und Helfenden. Noch seltener dürfte es vorgekommen sein, dass genau dieses Sozialreferat dafür sorgte, dass die spontan Helfenden mit zwei, zunächst in einem basisdemokratischen Plenum gewähltem Weg, Delegierten als feste Partner im Krisenstab der Regierung von Oberbayern, der Spitze der Stadtreferate, Kriseneinsatzleitung, Bundeswehr, Polizei, Bahn und Hilfswerk regelmäßig aktiv teilnahmen. Es dürfte auch eher selten vorgekommen sein, dass die Stadt spontan und unbürokratisch mehrere tausende Euro durch den Kreisjugendring möglich machte, um die Helfenden vertrauensvoll mit Laptops, Handys, Fahrzeugen und allem was sonst wichtig war, auszustatten.

Erprobt, oder besser, herausgefordert seit 2014

Allerdings: So neu ist es für München dann doch nicht. Unter dem Verein „München ist bunt" stellen sich in einem Aktionsbündnis große Teile der Münchner Bevölkerung Rassisten und Neonazis in den Weg bei ihren Demonstrationsaufmärschen. Auch hier kann man sich vor allem darauf einigen, zusammenzustehen. Zusammenzustehen gegen Rechts, wenn es gefordert ist. Unter der Übereinkunft auf dieses banalste Prinzip können nicht genügend Partner am Tisch sitzen. Mag so manche Gegendemonstration dennoch mickrig sein, gemeinsam setzt die Stadtbevölkerung regelmäßig starke Zeichen. 2014 kamen bei einer innerhalb von drei Tagen organisierten Kundgebung über 20 000 Menschen zusammen. Der Anlass: In Dresden marschierte seit einigen Wochen PEGIDA und es hatte sich ein Münchner Ableger angekündigt demnächst ähnliches zu planen. Prophylaktisch kamen die Münchnerinnen und Münchner zusammen, um den neuen Rechten schon mal lautstark und kräftig zu sagen: „Bei uns nicht." Und so ist es nicht verwunderlich, dass auch der erste Versuch in dieser Stadt einen Montagsspaziergang abzuhalten missglückte, indem eine feiernde, tanzende und singende Gruppe von ebenso weit über 20 000 Münchnerinnen und Münchnern eine Handvoll BAGIDAs einkesselte. Zusammenzustehen und möglichst alle an einem Tisch zu haben, dasein wenn man gebraucht wird. Das hat sich bewährt. 2015 verhinderten die Münchnerinnen und Münchner zuverlässig eine Demonstration von BAGIDA am 9. November. Wenn's drauf ankommt sind eben alle da und mit „München ist bunt" war eine Grundlage geschaffen gewesen, um zu kommunizieren „Hier gehts ums Wesentliche. Hier sind wir alle dabei." Ein entscheidender Erfolgsfaktor für die enorme Hilfsbereitschaft der Münchnerinnen und Münchner, dass „München ist bunt" seine Kommunikationswege zur Verfügung stellte um valide Informationen, Spendenaufrufe und Organisationstools zugänglich zu machen.

Doch 2014 zeigte München bereits darüber hinaus, wie anpackbereit es ist. Öffentlich sichtbar ist die schwierige Situation für Geflüchtete in der Stadt seit Sommer 2013. Damals drängten Geflüchtete sich in die öffentliche Wahrnehmung indem sie mitten im bayerischen Wahlkampf unweit vom Münchner Rathaus einen Platz besetzten und in Hungerstreik traten. Aktive unterstützten und beschützten die Aktion und boten die Möglichkeit zu Diskurs, Austausch und Mithilfe. Kurz darauf folgte eine Besetzung des Gewerkschaftshauses. Es grummelte etwas unter den Münchnerinnen und Münchnern. Man war gezwungen, einmal in die öffentliche Wahrnehmung gedrängt und die Ästhetik der Makellosigkeit durchbrochen, sich mit der Situation von Geflüchteten zu befassen als Passant oder als politisch interessierter Bürger. 2014 jedoch war die Erstaufnahmeunterkunft in München erstmals überfüllt, teils schliefen Frauen und Kinder im Freien vor überfüllten Unterkünften. Obwohl diese in Zuständigkeit der Regierung von Oberbayern, setzte sich der Münchner Oberbürgermeister mit den Worten „Nicht in meiner Stadt" darüber hinweg, um den Menschen zu helfen. Es entstand kurzweilig eine Unterkunft in einem Jugendzeltlager, das von Beginn an von Jugendverbandlern und Münchner Bürgerinnen und Bürgern autark gemanagt wurde – organisiert über Facebookgruppe und Doodle. Jeder Pfadfinderstamm könne ein Lager besser aufbauen und leiten als die offiziellen Stellen, die sich überfordert aus der Verantwortung stehlen würden, las man bald in der Zeitung. Bald darauf entstand eine weitere Notunterkunft im Olympiastadion, ebenfalls ausschließlich von Freiwilligen geführt. Prinzipien aus dem Zeltlager wiederholten sich. Niederschwellige und spontane Mithilfe war ausdrücklich gewünscht und mit Social Media Tools organisiert. Es ging nicht um die Welt, es war auch nicht mit viel Aufregung verbunden. Aber es war das selbe in klein. Mangel an Helfenden gab es nie. Und als irgendwann kein Bedarf mehr an der Unterkunft bestand, wurde sie geschlossen. Ohne Nostalgie und Gezeter. Aber sicherlich in dem Wissen vieler, dass ihr Engagement bald wieder gebraucht würde. Und das Wissen darum, wie man eine Kleiderkammer sortiert oder ein Doodle richtig aufsetzt war konserviert. Kaum waren alle an einen Tisch gebracht, konnten auch im Spätsommer 2015 wichtige Elemente wie Schichtpläne oder Gestaltung eines Infopoints und Piktogramme zur Benutzung deutscher Toiletten sofort genutzt werden. Man kann nicht sagen, München sei vorbereitet gewesen. Man kann die Ereignisse wenig in ihrem Ereignischarakter miteinander vergleichen. Aber die Haltung „Nicht in meiner Stadt" und „Alle mit ins Boot" hat langsam und unbeachtet ihren Anfang genommen und hat sich als vereinend und produktiv in einem Ausmaß entwickelt, dass sich niemand hätte erwarten können. Und eben weil es eine Entwicklung ist, macht sie doch Hoffnung, dass ein „Wir schaffen das"-Deutschland, das gemeinsam Unglaubliches in 2015 geleistet hat, gerade erst tapsige Schritte macht und noch im Anfangschaos steckt, um nun langsam gemeinsam zu wachsen und zu schaffen in der Integrationspolitik, um dort, wo Solidarität und Menschsein als angewandte Haltung zu Tage tritt, Demokratie zufrieden neu zu entdecken.

Und nun?

Die Münchner Ästhetik war zu heftig. Sie zeigte die Schönheit der Stadt abseits von FC Bayern, BMW, sauberen Straßen, Trachtenumzug, Zeitschriftenglamour, Alpenpanorama und adretter Architektur. Sie sendete zahllose Bilder mit Symbolwirkung. Doch die Unaufgeregtheit des Moments konnten sie nicht transportieren. Sie sendeten in die Welt einen wichtigen politischen Impuls und konnten in ihrer Selbstverständlichkeit nicht mehr mit dem Trend der Aufgeregtheit mithalten. Die Bilder wird es vermutlich deshalb nie mehr so geben. Alle Beteiligten werden auch besser vorbereitet sein. Manch einer hat vielleicht ein politisches Interesse solche Bilder gar nicht mehr entstehen zu lassen, munkelt man. Verändert sich nun unser Auftrag? Nein.

Er bleibt. Wir müssen Räume des Erlebens schaffen, des Erlebens von demokratischer Gesellschaft. Wir müssen unsere Wahrnehmung dafür schärfen, das Wesentliche zu sehen, es aber auch zu ergreifen und schöpferisch, gestalterisch zu unserem zu machen. Nur wenn wir abstrakten Werten Momente gönnen, die festgehalten werden können, können wir als Bevölkerung politische Impulse setzen jenseits von Wahlurne, Facebook-Like, Twitter-Kommentar, Onlinepetition und Gegendemo um dem Dasein als Spielball zwischen undurchschaubaren Mächten zu entrinnen. Aufgrund der dramatischen Situation für noch so viele Geflüchtete und wegen der Herausforderungen der Integration ist es Zeit und Not für eine neue Ästhetik des Widerstands und Helfens. Sie bietet die Chance statt Spielbälle zwischen undurchschaubaren Machtebenen mündige Bürgerinnen und Bürger zu sein in einer Situation, die europäische und globale Lösungen erfordert. Wenn uns die völlig untergegangene Münchner Terrorwarnung zu Silvester, die hyperventilierende Berichterstattung über Köln und der jeweilige mediale GAU der politischen Aktivistenlager (die erfundene Vergewaltigung eines russlanddeutschen Mädchens und der erfundene Tod eines Flüchtlings in Berlin) allerdings etwas lehren, dann, dass eine unserer größten Herausforderungen die Ästhetik des Alltags, die Wahrnehmung der Banalität, werden wird. Im Licht des Münchner Herbstes wurde die Stadtbevölkerung für einen Mut gefeiert, der sich vermutlich nur darauf zurückführen lässt, dass die meisten nach einer Eilmeldung zu einem brennenden Hotel irgendwo anders auf der Welt nicht mehr die danach hereinkommende Eilmeldung mit der Terrorwarnung lasen. Die Sensationslust unserer Wahrnehmung, die sich medial abbildet, verquert sich bereits selbst. Während unmenschliche Facebookkommentare von AfDlern und Massenabschiebungsnachrichten in die Schlagzeilen eingehen, schotten sich einige in Sehnsucht nach differenziertem öffentlichen Diskurs und dem Gefühl von Ohnmacht ob politischer Entwicklungen von Tagesnachrichten ab. Doch beides ist keine Lösung. Das Banale sichtbar, auf die Ästhetik des Unaufgeregten aufmerksam zu machen, es zu platzieren und sachlich zu diskutieren wird schwer werden. Aber es ist der Weg zu einem konstanten aktiven Engagement für Integrationsarbeit. In München waren Geflüchtete der Anstoß, uns wieder erfahrbar zu zeigen, was eine Gesellschaft ist und was uns als Gesellschaft ausmachen sollte. Sie haben unsere Wahrnehmung wieder auf Wesentliches gelenkt, das in seiner radikalen Einfachheit und Unmittelbarkeit eine natürliche Anziehung hat, von der man sich fragt wie sie in Vergessenheit geraten konnte. Oder war sie immer da und nur außerhalb unseres Fokus? Wenn München etwas gezeigt hat letzten Sommer, dann, dass das Unaufgeregteste und Banalste in dem Moment, wo es wirklich geschieht, das Bewegendste sein kann. Hoffen wir auf mehr Bewegung in Deutschland und Europa.

Klaus-Peter Grap, 1958 geboren, spielte in zahlreichen Folgen erfolgreicher TV-Serien wie „Adelheid und ihre Mörder“ und „Polizeiruf 110“ sowie in mehreren Verfilmungen der Rosamunde-Pilcher-Reihe mit. Zudem stand er in Theateraufführungen unter anderem in Stuttgart und Berlin auf der Bühne. Außerdem arbeitet er als Synchronsprecher und wirkte als Moderator im Fernsehen.

Für ein angstfreies Leben!

Von Klaus-Peter Grap

Jeder Mensch, der um sein Leben fürchten muss, ist mir willkommen! Keiner flieht freiwillig, sondern die Umstände zwingen dazu.

Wir in Deutschland leben in Wohlstand, seit 70 Jahren ohne Krieg. Was für ein Geschenk, was ich allein durch meine Geburt zur rechten Zeit am rechten Ort erhalten habe.

Nun fliehen Menschen vor Bomben, „religiösen" Fanatikern, Gewalt. Zeigen wir uns menschlich! Ich sehe weniger eine Flüchtlingskrise, als eine verbrecherische der Fremdenfeindlichkeit.

Ich bin nicht blauäugig, nicht, dass ich keine Probleme auf uns zukommen sehe. Aber Probleme sind dazu da, gelöst zu werden. Ja, wir haben neue Aufgaben in der Welt erhalten, und wir sollten uns der Mitmenschlichkeit nicht entziehen und wie Tiere Revierkämpfe ausfechten.

Es sind Menschen, die zu uns kommen, die unserer Hilfe benötigen. Ihr Leben ist bedroht. Wie kann man da wegschauen und verjagen wollen?

Mehr arme Menschen im Land mag auch zu mehr Straftaten führen. Aber bislang erkenne ich hauptsächlich Verbrechen gegen die Menschlichkeit, Brandstiftungen rechter Gesinnung.

Leider habe ich die EU-Verträge nie studiert, wüsste ansonsten, ob es sich nur um reine Wirtschaftsverträge handelt, oder ob auch über soziale Dinge Abmachungen getroffen wurden. Wohl eher nicht, ansonsten könnten andere EU-Staaten nicht die Aufnahme Asylsuchender verhindern. Was für ein Armutszeugnis für den Friedensnobelpreisträger EU, wenn er seine Hilfe den Ärmsten verweigert. Und von den 160 000 Asylsuchenden, auf deren Verteilung man sich vor Monaten geeinigt hat, sind bis dato auch erst 125 – unter Medienrummel – in die EU-Staaten verteilt worden.

Die Außengrenzen sollen gesichert werden. Toll! Sollen Italien und Griechenland Barrieren ins Meer werfen? Warum werden nicht die Außengrenzen dieser Staaten ins Landesinnere gesichert? Da darf keiner ungehindert das Land verlassen. Dann müssten wir natürlich „Hot Spots" (was für ein verklärender Name) in diesen Staaten betreiben, auf Kosten der gesamten EU, und wenn Asyl gewährt wird, gerecht auf die Staatengemeinschaft verteilen. Und wenn es um Friede und Freiheit der Schutzsuchenden geht, dann müssen die auch in das Land gehen, das ihnen zugewiesen wird. (Pluspunkt: Italien/Griechenland bekämen damit viele benötigte Arbeitsplätze, die die EU auch finanziell ausstatten müsste. Hilfe für alle Seiten.)

Sind die Flüchtlinge erst einmal bei uns, versteht der Laie (Grap) nicht, dass eine Registrierung so lange dauert, keine einheitlichen Standards in Europa gegeben sind, kein einheitlicher Flüchtlingsausweis gestellt wird. So weit sollten wir doch in Zeiten der globalen Vernetzung sein. Natürlich muss jeder Fall extra geprüft werden, auch aus sicheren Herkunftsländern. Edward Snowden würde ich auch nicht ausweisen wollen …

Natürlich stelle ich mir auch die Frage warum es in Ländern wie der Schweiz und Holland so viel schneller geht, bis entschieden wird. Warum schafft es Deutschland nicht, Dolmetscher und Anwalt gleich zur Anhörung/Befragung zu stellen, so dass keine Fragen mehr offen bleiben. Ja, und sollte mal negativ für den Suchenden entschieden werden, dann erwarte ich die Umsetzung der sofortigen Abschiebung. Nur, für diesen Fall sollte nicht so viel Zeit verstrichen sein, dass Jahre vergangen sind, hier aufgebaute Existenzen zerstört werden.

Wenn es mir mein Beruf zeitlich erlaubt gehe ich ein Mal die Woche ins Flüchtlingsheim Rathaus Wilmersdorf in Berlin und helfe, wo ich gebraucht werde. Es fing damit an, dass ich Deutsch lehren wollte. Im Sommer sollte das Haus nur eine Erstaufnahmestation sein, da wurde diese Hilfe nicht gebraucht, aber es fehlte gerade jemand in der Spendenannahme/Sortierung. Also hieß es gleich mit Zupacken. Man hatte die Bilder der Flüchtlinge in Ungarn vor Augen und die Hilfsbereitschaft war groß. Spenden kamen im Minutentakt. Mir war bewusst, das hält nicht ewig, die Stimmung würde kippen, also beschloss ich regelmäßig zu helfen.

Das Haus ist mittlerweile nicht mehr aus der Flüchtlingshilfe wegzudenken. Hier werden für mehrere Standorte Spenden angenommen und verteilt.

Am ersten Tag griff ich in Kartons mit Kleidung und Spielsachen, aber leider auch mit Käfern, die beim Öffnen der Kisten raus krabbelten, in zerbrochene Weihnachtsbaumkugeln etc. Manch einer hatte da seinen Keller entleert. Ich langte in Schuhe, deren Träger sie zwei Jahre täglich im Pferdestall getragen haben mussten, sie aber nicht mal abgeklopft hatten.Auch Skurriles förderten wir zu Tage, Abendkleider, Faschingskostüme und Herrenhandgelenktaschen. Natürlich kamen auch Miniröcke (wenig gefragt) und Kleidung in XXL. Der „normale" Flüchtling ist vergleichsweise klein und dünn.

Schon das nächste Mal stand ich in der Kleiderkammer zur Ausgabe. Jeder Helfer begleitete einen Schützling, half beim Aussuchen der benötigten Kleidung. Damals gab es noch keine Duschen noch Waschmaschinen im Haus, so konnte man seine Garderobe alle zwei Tage auffrischen. Jeder Berechtigte hatte eine Nummer zugeteilt bekommen, auf einem Armbändchen, und bekam eine Karte ausgehändigt, auf der eingetragen wurde, was wer erhielt. Ich war beeindruckt, wie grandios schon damals das Haus organisiert war. Ich verneige mich respektvoll vor den Initiatoren der Internetseite: volunteer.de. Da wird aufgelistet, was an Spenden benötigt wird, welche Hilfskräfte fehlen. Alles freiwillige Helfer!!!

Das nächste Mal hörte ich von Unstimmigkeiten, manch einer der Hausbewohner hatte mit dem Handel der Kleidungsstücke angefangen, aber die gutmeinenden Helfer hatten beschlossen, das durchgehen zu lassen. Man müsse verstehen, wenn einer nichts hat, dann versucht er eben … Als ein Mann in die Kleiderkammer kam, seit einer Woche vor Ort, schon 17 Paar Schuhe abgeholt hatte und zu drei Paar Schuhen ging, die alle neu aussahen, in drei Größen, da entschied ich: Raus! Ja, auch so was kommt vor. Beim nächsten Mal waren die Helfer in der Kleiderkammer nur Rumsteher, ließen die Bewohner ungestört durch die Kammer streifen, in Nullkommanichts war jede Vorsortierung über den Haufen geschmissen. Nein, auch hier muss es Regeln geben. Ein Mann der Security kam übersetzend mit und riss ebenfalls T-Shirts aus den Regalen, warf sie ungefaltet zurück, „ schließlich sei er keine Sortierungskraft“. Das bin ich wahrlich auch nicht und das machte ich klar.

Mittlerweile ist auf den Karten vermerkt, wie viele Kleidungsstücke überhaupt an den Einzelnen gehen können. Ja, die Masse der Hilfesuchenden lehrte so manches.

Ich besorgte mir eine Gesundheitskarte und darf damit auch in der Essensausgabe werkeln. Mir war das wichtig, denn ich wollte in Gesichter sehen, eben auch mir Gutes tun, sehen, für wen ich meine Zeit und Kraft einsetze. Auch da wurde gelernt. Anfangs mussten die Freiwilligen Helfer das Essen organisieren, die Mahlzeiten ausgeben, die Tische putzen, den Boden reinigen, den Müll entsorgen … Als ich fragte, warum da kein Bewohner hilft, hieß es, die dürften das nicht, da sie nicht versichert seinen. „Wenn sich da einer was bricht …“ ja, dann wird er auch behandelt!

Es stehen nun Schilder da, die zu Mithilfe aufrufen.

Ich würde alle Anwesenden mehr in die Pflicht nehmen.

Ich sah wieder die Pegida-Aufzüge, die die Rettung des christlichen Abendlandes beschwören, Angst vor dem Islam haben. So bekam ich den Anstoß, gerade an Weihnachten helfen zu wollen.

Da waren alle Schichten voll, wie ich hörte, von einer jüdischen Gruppe ausgefüllt. Am 23.12. hatte sich nur eine Dame für die 7 Uhr Schicht in der Essensausgabe eingetragen. Also fühlte ich mich verpflichtet, ihr zu dieser für Schauspieler ungewöhnlichen Zeit beizustehen. Mir zur Freude war eine deutliche Verbesserung der Deutschkenntnisse zu verzeichnen. Kinder, die gerne zur Schule gehen, aber auch Erwachsene lernen unsere Sprache. Eine gute Erfahrung.

Ja, das ist eine Grundvoraussetzung, um hier anzukommen, man muss unsere Sprache sprechen. Ich hätte den Speisesaal mit Bildern und Worten gepflastert, damit jeder spielerisch lernen kann. Mir ist unverständlich, warum man nicht mit der Aufnahme Deutsch lernen soll/kann/darf. Selbst wenn jemand abgewiesen wird, kann es ihm und uns nichts schaden, wenn er unsere Sprache spricht. Und da ich derzeit nur ehrenamtliche Sprachvermittler sehe …

Ich wünsche mir ein Fordern und Fördern. Jeder bekommt Deutsch unterrichtet, ebenso unser Grundgesetz. Kann er sich nach einem Jahr verständigen und versteht die Gleichberechtigung von Mann, Frau, gleichgeschlechtlich Liebenden, die Religionsfreiheit etc., dann mag er auch Hartz IV bekommen, ansonsten finde ich reine Sachleistungen völlig gerechtfertigt. Wer in Deutschland kann dann noch meckern, die bekämen ja alles „hinein geschoben"? (Wobei ich grundsätzlich auch jeden Wirtschaftsflüchtling verstehen kann, wenn wir uns auch nicht jeden leisten können.)

Natürlich darf niemand Straftaten begehen, unabhängig davon, wo er geboren wurde. Da darf nie mit zweierlei Maß gemessen werden. Mafiöse Strukturen, Drogenhandel erleben wir in Brennpunkten der Städte. Da gehört mit allen Mitteln gegen angekämpft zu werden. Aber gerade deshalb sollten wir Menschen helfen, bei uns, in mitten der Gesellschaft, anzukommen.

Ich habe mich auch gefragt, ob ich eine Kippa aufsetzen, dazu ein Regenbogen-Abzeichen tragen soll, wenn ich im Rathaus arbeiten gehe. Da meldete sich bei Facebook eine Dame, die auch so manche Schicht übernimmt, immer ihren Davidstern offen an der Kette trägt. Sie sagt, sie bekam bislang nur positive Reaktionen.

Natürlich sind die Zustände vor dem Landesamt für Gesundheit und Soziales unhaltbar. Dass man es nicht mal hinbekommt, Nummern auszugeben, mit Bearbeitungsdatum, dass dann auch eingehalten wird, ist mir unbegreiflich. Aber dass nicht von heute auf morgen 3000 neue Bearbeiter eingestellt werden können, versteht sich. Woher nimmt man motivierte Arbeitskräfte, die schnellstens eingearbeitet werden müssen? Wann wäre der Zeitpunkt gewesen, um rechtzeitig zu reagieren? Politische Mühlen mahlen langsam.

Da ich nicht immer nur vom Staat verlangen kann, etwas zu tun, lange ich selber zu. Denn auch ich bin ja ein Teil des Staates. Mich erfreut es zu sehen, wie viele genauso denken. Packen wir es an, dann werden wir eines Tages auch die positiven Früchte davon ernten.

Jedes Lächeln, dass mir Kinder schenkten, die zuvor so viel Leid erfuhren, beschenkte mich.

Die bisher Angekommenen wollen etwas, zeigten schon Willenskraft, ansonsten hätten sie den Weg nicht geschafft. Nutzen wir deren Willen. Ja, es sind viele Ungebildete darunter, geben wir ihnen die Chance auf ein selbstbestimmtes Leben, bilden wir sie so weit es möglich ist. Vertun wir dabei bitte nicht deren, noch unsere Zeit. Packen wir es an! Ich möchte, dass der Altenpfleger von morgen meine Sprache spricht!

Wem geht es durch die Flüchtlinge schlechter in Deutschland? Ich kenne keinen. Aber damit es uns allen eines Tages besser geht, müssen wir auch alle unseren Beitrag leisten.

Vieles ist noch im Argen, ich bekomme Zustände, wenn ich sehe, was an Müll produziert wird. Selbst beim Frühstück bekommt jeder eine Schale in Alufolie, darin zwei Scheiben Käse, eine Scheibe Wurst, Päckchen an Margarine, Marmelade, Honig, Schokocreme. Kann nicht jeder selbst entscheiden, was er möchte und es sich wie beim Hotelbuffet nehmen? Das würde schon mal Verpackungsmüll und Essensreste vermeiden. Warum das nicht geht, konnte mir keiner wirklich beantworten.

Ich würde auch jeden Tag einen anderen Flur/Zimmertrackt einteilen, für die Müllentsorgung, die Hofreinigung usw. Ja, man muss auch was einfordern. Egal ob Mann oder Frau, am Besten miteinander!

Ich weiß nicht, wie es weitergeht. Wie viele werden noch an unsere Tür klopfen? Ist die EU eine Gemeinschaft oder nur ein Wirtschaftsverbund? Schaffen wir es, die Krisenherde dieser Welt zu befrieden? Wenn keiner mehr fliehen müsste, das wäre schön. So lange ist meine/unsere Hilfe gefragt!

Marina Weisband war Politische Geschäftsführerin der Piratenpartei. Die gebürtige Ukrainerin kam als Kind mit ihren Eltern nach Deutschland. Sie ist Buchautorin und Publizistin. Sie wurde 1987 geboren, ist verheiratet und lebt in Münster.

Der notwendige Kampf für unsere Werte

Von Marina Weisband

Seit mehreren Wochen berichten nicht nur Zeitungen regelmäßig: „die Stimmung kippt". Ich merke es in meinem Bekanntenkreis. Die Stimmung kippt langsam von Besorgnis in Angst. Angst vor Bürgerwehren, die durch Städte marschieren, als sei es 1930. Angst vor scharfen Granaten, die gegen Flüchtlingsheime geworfen werden. Angst vor einem so weit nach rechts „gewanderten" Diskurs, dass im öffentlich-rechtlichen Fernsehen rechten Parteien eine Bühne geboten und dabei die CDU als linke Alternative präsentiert wird.

Es kam die Nachricht, dass vor dem LaGeSo in Berlin ein junger Mann vor Kälte gestorben sei; niemand fand sie unwahrscheinlich. Die politische Realität ist zu einem Zerrspiegel ihrer selbst geworden. Wir wandern durch Fußgängerzonen, wo uns bekannte Werbung entgegendröhnt, Güter und Verkauf, aber wir merken, dass sich etwas verändert hat und dass diese Welt nicht mehr nach den Regeln und Normen unserer gewohnten Welt funktioniert. Und das betrifft nicht nur Deutschland.

Der erste Fehler, den man hier machen kann, ist, von der „Flüchtlingskrise" zu sprechen. Menschen fliehen, kommen ins Land. Sie bringen Kinder, die wir dringend brauchen. Das ist gut. Das muss gut organisiert werden. An der Organisation scheitert die deutsche Politik gewaltig. Das ist schlecht. Aber noch nicht fatal. Sie kosten Geld. Etwa ein Zehntel von dem, was Steuerflüchtlinge kosten. Und langfristig bringen sie Geld, über eine lebendige nächste Generation.

Nein, das hier ist keine Flüchtlingskrise. Es ist eine Wertekrise. Deutschland ist, so sagt man, ein christlich geprägtes Land. Dieses Land lehnt es in weiten Teilen ab, schutzbedürftige Fremde einzulassen. Die gute Nachricht ist: die Menschen, die wirklich rechtsradikal denken, sind eine Minderheit. Sie mag laut in den sozialen Medien sein, aber sie ist eine Minderheit. Die schlechte Nachricht ist: es braucht nicht mehr als eine Minderheit, die rechtsradikal denkt und handelt. Und eine stille Mehrheit, die sie dabei angsterstarrt beobachtet.

Das ist nur der Beginn unserer Probleme. Wir stehen an einem Abgrund des Wandels. Die Industriegesellschaft wandelt sich in eine Datengesellschaft um. Automatisierung erleichtert uns die Arbeit und wird Vollbeschäftigung unnötig und unmöglich machen. Nationalgrenzen weichen auf und Kompetenzen sind immer häufiger bei supranationalen Gebilden. (Sterben die Nationalstaaten?) Uns steht unmittelbar eine große Wirtschaftskrise bevor. Die Zeit der Konsumgesellschaft ist vorbei. Eine andere Gesellschaft tritt an ihren Platz. Was für eine? Das müssen wir jetzt entscheiden.

Und Menschen fühlen, dass wir am Rande dieser riesigen Veränderung stehen. Das macht sie unsicher und hilflos. Manche – die gebildeteren oder vernünftigeren oder einfach stärker reflektierenden Menschen – äußern ihre Sorge auf Twitter, Facebook, Freunden gegenüber oder in Blogbeiträgen. Bei anderen wird aus der Ohnmacht und dem Gefühl, dass auch die eigene Regierung völlig hilflos ist (was sie in Teilen auch wirklich ist) zu hilfloser Wut und zu Gewalt. Vielleicht hassen sie Fremde nicht einmal. Sie spüren aber, dass sie in zehn Jahren nicht so leben können, wie sie bisher gelebt haben, und sie haben Angst davor und verstehen nicht warum. Und siehe da, Flüchtlinge! Menschen, auf die man Dinge projizieren kann.

Mit großer Regelmäßigkeit in der Geschichte passiert es, dass sich durch technologischen Wandel gesellschaftliche Voraussetzungen verändern und diese Entwicklung eine Wertedebatte nach sich zieht. Diese Wertedebatte geschieht häufig – weil wir Menschen es nicht wirklich anders können – in Form von Aufständen, Kriegen und Terror. Und überall auf der Welt können wir das jetzt beobachten. Von Russland, wo T-Shirts mit „Das schwule Europa wegbomben" über den Tresen gehen, über Syrien, wo Daesh (ein anderer Name für den Islamischen Staat) meint, den wahren Islam gefunden zu haben, bis Deutschland, wo jemand aus Angst, dass nordafrikanische Männer alle unsere Frauen schänden werden, einen Brandsatz in ein bewohntes Flüchtlingsheim wirft. Emotion und Gewalt liegen nah beieinander, und eine Wertedebatte ist immer sehr emotional.

Es ist in diesem Zusammenhang okay, wenn wir einfach mal offen und öffentlich sagen, dass uns das alles überfordert. Weil es nun mal wahr ist. Und weil Reden darüber hilft. Auch ich habe kein Rezept.

Ich weiß aber: Da diese Wertedebatte im Moment klar vor uns steht, müssen wir sie führen. Es hilft nichts Anderes. Erschrocken zuzusehen, wie das Böse sie einseitig führt und am Ende für sich entscheidet, ist keine zulässige Option. Gerade die reflektierten Menschen müssen jetzt darum kämpfen, die Mittel dieser Debatte zu bestimmen – in eine zivilisierte Richtung.

Das „Böse" sind dabei nicht Menschen. Es sind die verlockenden Ideen, die versprechen, aus der Ohnmacht zu helfen: der Hass auf Andere. Gewalt. Menschen kann man überzeugen. „Das Böse" aber muss man bekämpfen.

Wir, die wir darüber erschrocken sind, wie rechts unser Land sein kann, müssen selbst aufstehen und kämpfen. Kämpfen über Bildung. Kämpfen über Argumentation. Kämpfen über Aktion. Denn vergessen wir nicht – nicht nur das Böse ist zurzeit aktiv wie nie. Auch das Gute. Drei Millionen Menschen in Deutschland haben ihre persönliche Zeit und ihr Geld investiert, um ehrenamtlich Geflohenen zu helfen und staatliches Versagen mit der

Arbeit ihrer Hände aufzufangen. Und ja, das ist Kampf für Werte.

Das Wichtigste ist, aus der Schreckstarre und der Hilflosigkeit heraus zu kommen. Um der Hilflosigkeit zu entkommen, muss man konkrete Dinge tun. Das hilft am besten. Und es gibt viele Dinge, die jeder einzelne von uns tun kann.

Dazu gehört, aufzuzeigen, wo eigentlich gute Ideen rechts vereinnahmt werden, und sich so eine Querfront bildet. Wenn die EMMA anfängt, im Namen des Feminismus gegen Muslime zu hetzen. Wenn plötzlich unter dem Vorwand des Schutzes von Juden Hetze gegen eine andere religiöse Minderheit betrieben wird.

Dazu gehört, rechte Demonstrationen zu blockieren, immer und überall. Denn jede dieser Demonstrationen schürt Verschwörungstheorien über eine angebliche gesteuerte Überfremdung. Jede dieser Demonstrationen lenkt Gefühle der Machtlosigkeit in Hass um. Jede dieser Demonstrationen ist ein impliziter Aufruf zu Gewalt gegen Andersaussehende. Dagegen ist ziviler Ungehorsam mehr als gerechtfertigt.

Dazu gehört, es niemals stehen zu lassen, wenn Bekannte oder Familienmitglieder sich fremdenfeindlich äußern, sondern dem stets mit Argumenten zu widersprechen.

Dem Bösen muss man überall da begegnen, wo es sich zeigt. Vielleicht können wir so nicht die sich auflösende Wirtschaft in den Griff kriegen. Oder den europäischen Rechtsruck morgen aufhalten. Oder die Menschenrechte in der Türkei und Ungarn retten.

Aber wenn die Gesellschaft sich grundlegend ändert, können wir mit vielen kleinen Aktionen überall im Alltag mitbestimmen, in welche Richtung sie sich verändert. Überall, wo sich das manifestiert, was wir fürchten, können wir dem etwas entgegensetzen.

Das wäre ein Anfang.

Es wäre das Richtige.

„Menschen fliehen, kommen ins Land. Sie bringen Kinder, die wir dringend brauchen. Das ist gut. Das muss organisiert werden. An der Organisation scheitert die deutsche Politik gewaltig. Das ist schlecht. Aber noch nicht fatal."

Marina Weisband

Prof. Dr. *Henning Vöpel* ist seit September 2014 Direktor und Geschäftsführer des Hamburgischen WeltWirtschaftsInstitut (HWWI). Zuvor war er Senior Economist am HWWI. Er ist verantwortlich für die Forschungsbereiche Konjunktur und Weltwirtschaft. Im Jahr 2010 wurde Vöpel als Professor für Volkswirtschaftslehre an die HSBA Hamburg School of Business Administration berufen. Seine Forschungs- und Themenschwerpunkte sind Konjunkturanalyse, Geld- und Währungspolitik, Finanzmärkte und Sportökonomik.

Grenzenlose Verantwortung: zur Moral und Ökonomik der Flüchtlingskrise

Von Henning Vöpel

„Wir schaffen das", sagte Bundeskanzlerin Angela Merkel angesichts des vor allem von Syrien, Afghanistan und dem Irak aus einsetzenden Flüchtlingsstroms nach Deutschland noch hoffnungsvoll. Mit diesen drei Wörtern hat sie zugleich die beiden Dimensionen in dieser Frage zum Ausdruck gebracht. „Wir schaffen das" beinhaltet einen moralischen Imperativ, gibt zugleich aber auch Hinweis auf die damit verbundene Anstrengung. Die Flüchtlingskrise ist am Ende eine Frage von Moral und Ökonomik zugleich, die letztlich von der Gesellschaft beantwortet werden muss. Dass Moral und Ökonomik in der konkreten politischen Lösung kaum vollständig voneinander zu trennen sind, zeigt sich nicht zuletzt daran, dass die anfänglich geradezu euphorische Hilfsbereitschaft und Willkommenskultur nach und nach einer pragmatisch-realistischen Sichtweise sowohl in der Politik als auch in der Bevölkerung gewichen sind. Der Schlüssel, beide Dimensionen miteinander in Einklang zu bringen, ist eine erfolgreiche Integration. Man stelle sich dazu die Alternative vor: eine gescheiterte Integration. Sie würde ökonomisch immense Kosten nach sich ziehen und letztlich die Gesellschaft moralisch überfordern. Das gilt es bei jeder nun anstehenden politischen Lösung dieses gesellschaftlichen Problems zu berücksichtigen. Dafür wiederum ist die Verteilung der Lasten, Rechte und Pflichten entscheidend.

Zur Moral: Die historische Verantwortung Deutschlands

Deutschland hat wie kein anderes Land eine historisch begründete moralische Verantwortung für unterdrückte und verfolgte Menschen. Entsprechend ist in der deutschen Verfassung das Grundrecht auf Asyl verankert, eine große humanistische Idee und Leistung, ein nationales Grundrecht, das zugleich ein Menschenrecht ist, auf alle Menschen dieser Welt, ob deutscher Staatsbürger oder nicht, zu übertragen und für diese zu garantieren. Vor diesem Hintergrund wäre es moralisch falsch und vom Grundgesetz her aus guten Gründen und prinzipiell auch gar nicht möglich, dieses Grundrecht zu vermischen oder gar anzutasten mit der Frage, welchen ökonomischen Nutzen Flüchtlinge für Deutschland bringen können. Insoweit scheint es sinnvoll, das unantastbare Grundrecht auf Asyl von der Frage einer nach ökonomischen Kriterien gesteuerten Zuwanderung durch ein Einwanderungsgesetz zu trennen, das nebem dem Asylrecht besteht. Bislang erfolgt Zuwanderung nach Deutschland – außer durch die garantierte Freizügigkeit innerhalb der Europäischen Union – nahezu ausschließlich über das Asylrecht. Nach den ökonomischen Nutzen der über das Asylrecht nach Deutschland kommenden Menschen zu fragen, ist eine unzulässige, geradezu gefährliche Frage. Im Gegenteil: Die Trennung der Motive von Humanität und ökonomischem Nutzen kann die Akzeptanz von Zuwanderung stärken. Dann lässt sich über ein Zuwanderungsgesetz auch eine nach Kriterien gesteuerte Zuwanderung politisch und ökonomisch sinnvoll diskutieren. Die Möglichkeit einer offiziellen Zuwanderung kann und sollte auch jenen offenstehen, die zunächst über das Asylverfahren nach Deutschland gekommen sind.

Zur Ökonomik: Integration als Schlüssel erfolgreicher Zuwanderung

Zuwanderung ist nicht per se gut oder schlecht. Sie steht und fällt mit der Integration. Die Aufgabe der Integration ist groß, ihr Gelingen entscheidend für den sozialen Frieden. Integration bezieht sich auf alle Bereiche des Alltags, in Arztpraxen und Krankenhäusern, in Kindergärten und Schulen, auf dem Arbeitsmarkt wie auf dem Wohnungsmarkt. So sehr Vielfalt eine Bereicherung für eine Gesellschaft ist, so groß ist die Aufgabe, über die Gesetze hinaus unterschiedliche kulturelle und soziale Normen friedlich und respektvoll miteinander im Alltag in Einklang zu bringen. Aber Deutschland steht vor einem tiefgreifenden demografischen Wandel und ist in Zukunft auf qualifizierte Zuwanderung auch aus dem nicht-europäischen Ausland angewiesen. Als faktisches Einwanderungsland konkurriert Deutschland mit Ländern wie den USA um hochqualifizierte und international mobile Fachkräfte. Der demografische Wandel in Deutschland wird das Wachstumspotenzial aber nicht nur über einen Fachkräftemangel negativ beeinflussen. Die Zukunft der Wirtschaft ist global und digital. Technischer Fortschritt wird immer stärker durch die junge Generation entwickelt und in eine Gesellschaft getragen. Die Innovationskraft einer Volkswirtschaft wird daher mehr und mehr durch die Möglichkeit und die Fähigkeit bestimmt, neue Ideen zu entwickeln, Unternehmen zu gründen und Geschäftsmodelle zu testen. Dafür wird Deutschland zunehmend auf internationale Talente angewiesen sein, die bereit sind, ihre Ideen in Deutschland umzusetzen. Der Zugang zum Arbeitsmarkt kann die Integration in die Gesellschaft entscheidend erleichtern. Der Schlüssel dafür sind Bildung und Qualifikation. Untrügliches Zeichen einer erfolgreichen Integration ist die Gründung von Familien. Erst dann sind gegenseitiges Verständnis unterschiedlicher kultureller und ethnischer Normen in der Gesellschaft verankert. Der Prozess der Integration kostet unbestreitbar viele Jahre lang viel. Aber Zuwanderung ist ohne Frage eine große Chance für Deutschland, eine bunte Gesellschaft von Vielfalt, Internationalität, Toleranz und Innovationsfähigkeit zu entwickeln.

Zur Politik: Eine europäische Flüchtlings- und Asylpolitik

Die Welle der Hilfsbereitschaft für die Flüchtlinge war und ist beeindruckend. Sie ist zudem ein wichtiges Signal der Offenheit und der Willkommenskultur in Deutschland und ist eingedenk der eigenen Geschichte Bekenntnis zur Verpflichtung, das Land zu einem Ort der Zuflucht für Menschen vor Leid und Verfolgung zu machen. Doch in dieser Größenordnung des Zustroms von Flüchtlingen braucht es irgendwann und wahrscheinlich schon sehr bald eine politische Lösung für die Frage der Lastenverteilung. Wie sich in den letzten Monaten gezeigt hat, macht vor dem Hintergrund des Schengener Abkommens und der Definition von Außengrenzen Europas nur eine europäische Flüchtlingspolitik wirklich Sinn, es sei denn, Europa geht den gefährlichen Weg der Re-Nationalisierung und löst auch die Wertegemeinschaft etwa in Fragen der Asylpolitik auf. Insoweit geht es um eine gemeinsame Flüchtlings- und Asylpolitik und vor allem um eine gerechte Lastenverteilung in Europa, die wiederum unweigerlich auch ökonomische Kriterien enthält. Eine europäische Flüchtlingspolitik gibt Europa, das in einer ernsten politischen, ökonomischen und institutionellen Krise steckt, die Chance zur Rückbesinnung auf gemeinsame Werte, sie enthält aber auch weiteres Konfliktpotenzial. Die Leitlinien einer europäischen Flüchtlingspolitik haben drei Dimensionen: Zum einen die Frage, in welchen Fällen und in welchem Umfang Europa Flüchtlinge aufnimmt. Zum anderen die Frage, wie die Lasten zwischen den europäischen Ländern verteilt werden sollen. Und zum dritten die Frage, wie die Ursachen der Migration vor Armut, Unterdrückung und Verfolgung bekämpft werden können. Eine nachhaltige Politik muss aber neben den kurzfristig rein humanitären Lösungen langfristig auch die Ursachen der Flucht vor Armut und Unterdrückung, die oft eng miteinander zusammenhängen, endlich anpacken. Es ist offenkundig, dass die unteilbare humanitäre Pflicht zur Aufnahme der Flüchtlinge die Anreize zur Migration erhöht und am Ende zur Überforderung führen könnte, die niemandem hilft. Daher müssen in gleichem Umfang die Lebensperspektiven der Menschen in ihren Herkunftsländern verbessert werden. Dazu muss Europa ebenfalls verstärkt beitragen. Insoweit erweitert sich die Frage der gerechten Lastenverteilung über die Aufnahme von Flüchtlingen hinaus auf die Neuausrichtung der Entwicklungshilfe und der Sicherheits- und Außenpolitik Europas. Alle drei Aspekte sind Säulen einer europäischen Flüchtlingspolitik, die sich zu ihrer Verantwortung für eine gerechtere und humanere Welt bekennt. Darüber hinaus kann eine europäische Flüchtlingspolitik vieles von der Idee der europäischen Integration und seiner verlorenen politischen und institutionellen Stärke zurückgewinnen.

Zu Staat und Gesellschaft: Die „Grenzen" der Freiheit und die „Macht" der Verfassung

Integration bedeutet nicht Assimilation. Dennoch gelingt Integration leichter, wenn bestimmte soziale Normen des Alltags angenommen werden oder die Sprache erlernt wird. Sie sind aber zumindest im Hinblick auf das Asylrecht kein Zwang. Was jedoch notwendig ist, ist die Anerkennung der Verfassung und ihrer Grundrechte. Eine sich ändernde Gesellschaft, die unter den Bedingungen der globalen Migration, grenzüberschreitender Konflikte und der Aufhebung von Grenzen die Regel und nicht etwa die Ausnahme ist, verlangt daher ein Bekenntnis zur bestehenden Verfassung oder sie muss sich in der neuen Konstellation eine neue allgemein zustimmungsfähige Verfassung geben. Deutschland steht in der Flüchtlingskrise genau vor dieser Frage: Welches sind die verfassungsmäßigen Werte unserer Gesellschaft und wer darf ihr unter welchen Bedingungen beitreten. Vor diesem Hintergrund ist der Begriff der Toleranz zu bestimmen: Toleranz in Demokratien muss es in diesem Sinne immer gegenüber Mehrheits- und Minderheitsinteressen geben, Toleranz kann es nicht gegenüber der Ablehnung der Verfassung geben. Insoweit existieren für eine Gesellschaft, die in Freiheit und Demokratie lebt, natürliche „Grenzen", nämlich insoweit, als diese Grenzen die Verfassung nach Innen stützen und nach Außen schützen. Insoweit sind viele der heutigen Probleme und Konflikte darauf zurückzuführen, dass Grenzen aufgehoben worden sind, ohne gleichzeitig die Verfassung und die entsprechenden Institutionen anzupassen. Innerhalb dieser verfassungsmäßigen Grenzen definiert sich das Gemeinwohl. Gemeinwohl ist indes ein höchst problematischer Begriff, weil es niemanden geben kann und darf, der dieses für eine freie und demokratische Gesellschaft bestimmen kann. Es setzt sich aus sehr heterogenen Einzelinteressen zusammen. Und doch ist es weit mehr als die Summe und der Kompromiss seiner Einzelinteressen: Akzeptanz und Legitimation dessen, was sich als Gemeinwohl definieren ließe, gründen auf der allgemeinen Zustimmung zu gemeinsamen Werten, die gewissermaßen eine Gesellschaft axiomatisch konstituieren. Der Schutz von Freiheit durch die verfassungsmäßig gesetzten Grenzen ist am Ende eine Bedingung des Friedens in einer offenen und liberalen Gesellschaft, die tolerant und souverän mit Zuwanderung und Vielfalt umzugehen vermag.

„Die Flüchtlingskrise ist am Ende eine Frage von Moral und Ökonomie zugleich, die letztlich von der Gesellschaft beantwortet werden muss ... Der Schlüssel, beide Dimensionen miteinander in Einklang zu bringen, ist eine erfolgreiche Integration."

Henning Vöpel

Bettina Müller, geb. am 21. April 1992 im bayerischen Aichach, wohnt momentan in München und studiert dort an der Ludwig-Maximilians-Universität Lehramt für das Gymnasium mit der Fächerkombination Englisch und Wirtschaftswissenschaften. Sie arbeitet seit mehreren Jahren sowohl national als auch international erfolgreich als Fotomodell für die Mode- und Werbeindustrie.

Eine Gesellschaft, die auf Angst aufbaut, wird untergehen

Von Bettina Müller

Ankommen

Der Weg ist das Ziel. Für mich persönlich einer der wichtigsten Leitsätze, nach dem ich mein Leben lebe. Es geht nicht immer nur darum anzukommen, so schnell wie möglich dort hin zu gelangen wo man in seinen Gedanken eh schon längst ist, wo man sich so gerne hinbeamen würde mit übermenschlicher Lichtgeschwindigkeit. Wenn man jeden Tag genau so anginge und nur das Ziel allein wertschätzte und die dafür unbedingt notwendigen Schritte nur als Last und Kampf empfände, dann würde man schnell merken, dass die Momente, in denen man sich wirklich glücklich und zufrieden fühlt, auf ein Minimum reduziert würden. Im Extremfall feiert man nur noch das Ankommen und die Erfüllung als Solches und suhlt sich in dem Gefühl, die erdrückende Last der dafür erforderlichen harten und anstrengenden Reise endlich von sich herabfallen lassen zu können. Im Hier sein. Im Jetzt sein. Bewusst und dankbar den Moment annehmen so wie er eben ist. Im meinen Augen ist das der Schlüssel. Den Moment annehmen und daraus das Beste machen, das man eben erreichen kann mit dem was man gegeben hat.

Es redet sich ja so unglaublich leicht in meiner Lage. Jung, hübsch, erfolgreich. Mit einer wundervollen Familie und tollen Freunden im Rückhalt, den krassesten Bildungsmöglichkeiten vor der Nase und der absoluten Freiheit. Mit nur einem Mausklick kann ich an jeden Flecken dieser Erde reisen, um meinen Horizont zu erweitern und meine goldene Jugend in vollen Zügen auszukosten. Alle Türen dieser Welt scheinen mir weit offen zu stehen und hinter jeder wartet sehnsüchtig eine Chance, die nur gierig ergriffen werden möchte. Ja, in meiner beneidenswerten Lebenssituation sprudeln sie mir gerade so heraus, die guten Ratschläge für ein besseres und glückliches Leben. Es ist doch alles ganz einfach.

Ich sitze hier im Münchener Schnösel-Stadtteil Bogenhausen in meiner kleinen aber feinen Studentenwohnung, eingemummelt in schicken Winterklamotten und einer flauschigen Decke, damit das Stichwort „Gänsehaut" auch in Zukunft ein Fremdwort für meine zart gepflegte Haut ist. Ja, in meinem Hier und Jetzt ist es wahrlich ein Leichtes, sich altklug und siebengescheit über unser Leben, die Gesellschaft und die Welt im Ganzen zu äußern. Aber die Welt hört eben nicht an den Münchener Stadtgrenzen auf. Ich lebe hier in einem wohl behütetem Schonraum, dessen Mauern jetzt langsam zu bröckeln beginnen. Etwas verändert sich. Das Stadtbild verändert sich. Erst langsam, dann immer schneller und mittlerweile kann niemand mehr seine Augen verschließen vor der Transformation, die uns gerade so eindringlich und unabwendbar widerfährt. Also: Spätestens jetzt müssen wir sie aufmachen um zu sehen was hier passiert, unsere Ohren spitzen, um zu hören was jetzt wirklich wichtig ist, und vor allem unsere Herzen ganz weit öffnen, damit wir Liebe und Hilfe geben können, emphatisch und einfühlsam das spüren und erkennen, was im Moment das Notwendigste ist. Und wohin wir das Gros unserer positiven Energie konzentriert und geballt hinschicken müssen.

Manchmal ist nämlich das Ziel doch das wahre Ziel und der Weg ist eine kaum auszuhaltende Qual, die von Todesangst, Verfolgung, Verzweiflung und Trauer nur so geladen ist. Jeden Moment kurz vor der inneren Explosion oder der absoluten Resignation. Aber man muss durchhalten, weitermachen, weitergehen, ansonsten war alles umsonst. Das ganze Leiden – sowohl psychisch, emotional als auch physisch – hätte man sich sonst sparen können wenn man jetzt nicht auf die Zähne beißt um endlich den letzten Schritt zu machen in ein besseres Leben in Frieden, Liebe und Freiheit. Ankommen. Ankommen. Ankommen. „Papa, wann sind wir endlich da?"– diese Kinderfrage bekommt im vorliegenden Kontext der vielen vor Krieg, Gewalt, Hass und Ungerechtigkeit fliehenden Menschen eine ganz andere Bedeutung. Ich sehe diese Kinderaugen, die gleichzeitig voller Erwartung und Vertrauen in ihre Eltern, aber auch voller traumatischer Angst in eine ungewisse Zukunft blicken, und mein Herz kauert sich zusammen in meiner Brust. Die Wärme, die ich genieße, fühlt sich plötzlich kalt an, wenn ich an die tausenden Wartenden denke, die stundenlang in der Eiseskälte ausharren müssen. Dieser ganze Luxus, in dem ich mich hier voller Dekadenz hinein bequeme, er kommt mir plötzlich ekelhaft und überflüssig vor. Wer bin ich eigentlich ohne all diese materiellen Güter?

Die Menschen, die aus Syrien, Afghanistan, Somalia, dem Irak, Albanien und all den anderen von Kämpfen vergewaltigten Ländern zu uns strömen, haben keine andere Wahl. Sie müssen endlich ankommen. Denn jeder Tag eines Menschenlebens, an dem nicht einmal ein einziges Lächeln gelächelt wurde, ist traurig verstrichen. Sie müssen all ihren Materialismus zurücklassen und mit dem Wenigsten auskommen. Familien, die in ihrer Heimat in reichem Überfluss, mit Marmor und Gold an den Wänden lebten, sind jetzt nur auf sich selbst gestellt und angewiesen auf unsere Hilfe. Wie muss es sich anfühlen, so abhängig von anderen zu sein? Machtlos über das was kommt, unfrei und gehemmt in der eigenen Lebensplanung.

Als ich im Herbst 2015 an einem der Tage mit dem größten Ansturm zufällig am Hauptbahnhof mit meinem Falafel-Dürüm in der Hand umher spazierte, wurde mir plötzlich das Ausmaß an hilfesuchenden Menschen bewusst. Es waren so viele. Und allen gemein war die Freude über das Ankommen, die ihnen ganz unverblümt und offenkundig ins Gesicht geschrieben war. Mit Klatschen und Jubeln begrüßt, einem so herzlichen Willkommengruß, der sich in mir wie die berühmten Schmetterlinge im Bauch anfühlte. Sich ausbreitete in meinem ganzen Körper und eine selige Freude hervorbrachte, die bei der ganzen kopfzermarternden Überlegung über die Flüchtlingssituation bitter nötig war, um nicht an Sorgen und Traurigkeit zu vergehen. Diese Schmetterlinge zappelten wild in meiner Magengegend auf und ab, erregt vom Stolz über das eigene Volk, das seine Arme so weit aufspannt und vor Stolz über unsere Mitmenschen, die diese Reise so tapfer überlebt haben.

Sicherlich war der Trip zu Fuß, mit dem Boot oder auch mit dem Flugzeug für alle unglaublich zehrend. Trotzdem war auch dieser Weg für den ein oder anderen ein Geschenk, in dem sich neue Freundschaften verbargen. Ein Freund, der sehr engagiert über einen Zeitraum von acht Monaten in einer großen Erstaufnahmeeinrichtung tätig war, erzählte mir, dass viele der jungen Männer sich erst vor Kurzem kennenlernten, aber schon bald sehr innige Beziehungen aufbauen konnten, da von Anfang an eine basale Verbundenheit, ein besonderer Zusammenhalt, bestand. Es ist schön zu sehen, dass diese einsam von ihrer Familie Losgeschickten sich zusammenschließen konnten und es schafften, ihre Kräfte zu vereinen, damit sie voller Willen und Stärke zusammen ankommen konnten.

Urteilen

Verurteilen. Beurteilen. Kürzlich kam mir die Definition des Wortes „urteilen“ unter – sie lautete in etwa: Sich über etwas informieren und sich dann darauf basierend eine Meinung über jemanden oder etwas bilden. Ursprünglich also ohne jegliche negative Konnotation. Eine Meinung bilden, ja das tun wir momentan alle. Manche mehr oder weniger faktenbasiert und auf vertrauenswürdigen Quellen fundiert. Der eine plappert nur blind etwas nach, der andere setzt sich aktiv mit der Flüchtlingsthematik auseinander und fast jeder fühlt sich dazu aufgerufen, seine Meinung in irgendeiner Art und Weise Kund zu tun. Das finde ich super! Ja, ich finde es gut, da erst die Äußerung einer eigenen Meinung, egal ob besonders logisch und stimmig argumentiert oder nicht, gleichzeitig auch wieder meinungsbildend ist. Es ist ein wertvolles und jederzeit produktiv-konstruktives Hin und Her. Ein Spiegel für die eigene Meinung. In diesem Fall gibt es keine absolut richtige oder falsche über das Thema. Dafür passieren tagtägliche zu viele neue Dinge. Alles ist im Umbruch und im Wandel. Die Meinungen ändern sich jeden Tag – das dürfen und sollen sie auch. Ich denke wir müssen, egal was passiert, generell eine unterstützende und optimistische Grundeinstellung gegenüber diesem Thema haben, denn es stellt die Basis für unser soziales Engagement und unsere Offenheit für Neues dar.

Sind wir anti – helfen wir nicht und sind zusätzlich auch noch Hindernisse für diejenigen, die helfen wollen. Jeder beeinflusst den anderen. Sind wir kritisch – sachlich – realistisch, dann ist das eine Zwischenform die ganz und gar notwendig ist – danke liebe Politiker – da man so mit einer gewissen rationalen Distanz konkrete Lösungen ausarbeiten kann und vielleicht einen Ticken weniger emotional belastet ist. Je mehr Leute „pro" werden, desto mehr Leute packen auch mit an. Und das ist für mich das Optimum für den Normalbürger. Der ganzen Sache zwar rational, aber mit einer kräftigen positiven Prägung entgegenzutreten. Das ist der einzige Grund wieso ich mich überhaupt hinsetze und diesen seitenlangen Artikel in die Tasten klopfe. Ich bin der Meinung, dass wir alle etwas tun müssen! Meine Modelfreundinnen finden ihren Weg darin, ihre teureren Designerklamotten auszusortieren – sie haben eh viel zu viele – und dann bei einem netten Plausch mit der Flüchtlingsmama, die genau wie wir gerne ein Tässchen Kaffee trinkt und auch gerne hübsche Mode mag, den Nachmittag zu verbringen. Die Kids sind natürlich auch super happy, dass die Mama wieder lachen kann und sind fasziniert von der netten Gesellschaft. Das ist ein Weg. Gerade in den Erstaufnahmeeinrichtungen halfen viele meiner Freunde mit und schnippelten zwischen motivierten Omis Gemüse, sortierten Klamotten aus – und man glaube mir, es ist weiß Gott keine Freude, die getragenen Unterhosen Fremder zwischen die Finger zu bekommen – oder kochten einfach nur eine große Kanne heißen Tee für die jungen syrischen Männer, die die regnerische Nacht in der Tiefgarage des Wohnhauses verbringen mussten. Jeder kann etwas tun. Die Hilfe basiert auf der Nächstenliebe. Daran sollten wir uns bei Gelegenheit mal wieder erinnern. Es ist das Grundprinzip, die goldene Regel auf der ein soziales Miteinander überhaupt und vollkommen basiert. Für viele Menschen ist es allerdings schwer, sich zu öffnen und fremden Menschen entgegenzutreten und ihnen entweder nur sprichwörtlich oder wortwörtlich „unter die Arme zu greifen". Worauf ich hinaus will ist die Möglichkeit, dass man auch dann unterstützt und einen wesentlichen Beitrag zu dieser Herausforderung beiträgt in dem man Kopfarbeit leistet. In dem man zu einem pro-menschlichen, liebevollen, solidarischen und optimistischen Urteil gegenüber allen Erdenmenschen und jetzt eben vor allem gegenüber unseren Flüchtlingen kommt und diese Meinung in der Familie und in seinem Umfeld vehement vertritt. So verändert sich das Denken der eigenen Kinder. Auch die Lehrer und Erzieher und alle, die maßgeblich das Denken der zukünftigen Generationen prägen, haben hier eine herausragende Verantwortung. „Ja" sagen zu dieser Herausforderung und gemeinsam nach Lösungen suchen. Den Sinn schärfen, die Empathie fördern. Ich danke allen Prominenten und allen Menschen, die eine große Reichweite in der Öffentlichkeit haben, die sich den ekelhaften Shitstorms der sozialen Medien freiwillig ausgeliefert haben, dass sie Spendenaufrufe unterstützt haben und in zahlreichen Posts, Clips und Pics ihr Mitgefühl und ihre Anteilnahme öffentlich gezeigt haben. Selbst als Vorbilder mit anpacken und so weitere helfende Hände in alle Richtungen generieren und durch ihren Einfluss auch zu neuen Bahnen in der Denke inspirieren. Sie mussten sich ganz besonders mit dem „Urteilen" auseinandersetzen. Leider kippte das meist ins „Verurteilen".

Wie oft ich in den letzten Monaten allein auf Facebook den Satz „Ich bin zwar kein Nazi, aber …" gelesen habe, wie oft ich mich schämen musste für die zahlreichen menschenunwürdigen und verletzenden Kommentare. Es ist für mich ein Ding absoluter Unverständlichkeit, was jemanden dazu bewegt seine wertvolle Energie in so etwas zu investieren und sich damit zu profilieren, dass man sich nicht von den Bildern weinender und sterbender Kinder weichkochen lässt. Es betrifft uns alle. Und natürlich weiß ich woher das kommt. Es ist Angst, aber eine Gesellschaft, die auf Angst aufbaut wird untergehen. Früher oder später. So werden wir uns selbst in den Untergang manövrieren. Wieder in die Gedankenmuster vergangener Zeiten Deutschlands zu rutschen ist wohl das Letzte, was uns helfen kann. Vielmehr könnte man in dieser Zeit an Vorschlägen arbeiten, wie man politisch und wirtschaftlich am besten mit den Gegebenheiten umgehen kann. Anscheinend haben genau diese Leute, die sich so herablassend äußern, einen ultra tiefen Einblick in die Thematik. Also bitte, liebe Leute, dann nutzt euer Potential! Danke. Trotzdem gebührt das letzte Wort in diesem Abschnitt der Liebe und der Solidarität und auch ganz besonders meiner und den jüngeren Generationen, denen es vielleicht auch durch den Abstand zu unserer Vergangenheit leichter fällt als den Generationen vor uns, sich dem Neuen zu stellen und alle Menschen, egal woher, wieso, warum mit Toleranz und Offenheit zu begrüßen. Mein Herz singt, wenn ich nach aggressiven Brandanschlägen auf Flüchtlingsunterkünfte den Gesprächen Sechzehnjähriger in der U-Bahn lausche, die sich zuerst spöttisch über dieses Grauen auskotzen und dann gemeinsam überlegen, welchen Beitrag sie selbst zu einer glücklicheren und harmonischeren Zukunft leisten können.

Vertrauen

Würdest du dein Kind einem fremden Menschen in den Arm geben? Es ihm nur für einen kurzen Moment anvertrauen um den Autoschlüssel aus der überfüllten Handtasche heraus zu kramen? Ein bisschen Angst um das Liebste, ein bisschen Sorge um den größten Schatz der Welt, ein bisschen Unwohlsein bei dem Gedanken nicht sicher sein zu können, ob das wertvollste Geschenk deines Lebens gerade in Sicherheit ist. Aber es sind nur ein paar Augenblicke und das Kleine ist wieder bei dir. In bester Obhut. Zwischen einer Mutter und ihrem Kind ist ein unsichtbares Band, das in seiner Stärke und Heftigkeit kaum in irgendeiner anderen zwischenmenschlichen Beziehung besteht. Die Mütter dieser Welt haben uns auf die Erde gebracht, hineingeboren in dieses wundervolle und aufregend spannende Leben, uns genährt, aufgezogen und beschützt. Wie muss es sich anfühlen sein Kind nicht nur für ein kurzes Minütchen, sondern für ein ganzes Leben in die Arme eines anderen Menschen zu geben? Viele Frauen mussten diese Erfahrung machen – ich kann mir kein Bild machen von dem inneren Krieg, in den man mit seinem Herzen ziehen muss, um endgültig zu entscheiden, dass man sein Kind zur Adoption freigibt oder sich für irgendeine andere Form endgültiger Trennung entscheiden muss. Ganz freiwillig macht das wohl niemand. Wahrscheinlich wird man nur durch eine Situation extremster Aussichtslosigkeit und Verzweiflung schmerzhaft und weinend zu so einem Entschluss gezwungen. Als ich die folgende Geschichte hörte, konnte ich diese Verzweiflung spüren. Diesen Kampf innerlich miterleben und nachempfinden. Es tut so weh. Es ist so hart. Eine syrische Frau kämpft sich mit ihrem Kind wochenlang unter höchster Anstrengung bis an die Grenze. Dort angekommen geraten sie in eine Situation, die sie nicht einmal in ihrer bloßen Vorstellung ertragen hätte. Es herrscht Tumult und umtriebiges Chaos. Die Grenzkontrolle untersucht alle Ankommenden. Sie bekommt Angst. Es ist eine Blitzreaktion, eine Entscheidung, die nicht länger als einen Wimpernschlag reflektiert und mit sofortiger Wirkung in eine reale Handlung umgesetzt wird. Sie gibt ihr Kind einer Fremden. Diese Frau, die sie noch nie davor gesehen hat, war schon durch die Kontrolle gekommen, ist in Sicherheit. Trägt das Ticket für eine neue Perspektive bereits voller Erleichterung in ihren Händen und kann jetzt frei hinein schreiten in eine bessere Zukunft. Sie hat dieses Ticket noch nicht – was würde nur mit ihrem Kind passieren, wenn sie beide wieder zurückmüssten – zurück in den Krieg. Würde es das Neugeborene überhaupt schaffen? Nein, das kann sie nicht riskieren. Liebe. Es muss ein Moment innigster Liebe gewesen sein, der sie dazu antrieb ihr Kind in die Arme einer fremden Frau zu geben. Sie war sich sicher, es würde ihrem Kind besser gehen, da es bei dieser Anderen eine größere Chance auf Sicherheit und Leben haben würde. Ich stand im Fotostudio bei der Arbeit und sowohl ich als auch der Fotograf waren vollkommen raus. Raus aus der Arbeit und drinnen in dieser kaum auszuhaltenden Geschichte, die uns der Assistent erzählte. Er arbeitete wochenlang in der Flüchtlingshilfe mit und erzählte mit zitternder Stimme von diesem Geschehen. Er hatte die Frau kennengelernt, sie hatte ihm selbst davon erzählt, was ihr widerfahren war. Das Kind ist weg. In einem tranceartigen Zustand ist es nun ihre einzige Aufgabe, sich um sich selbst zu kümmern und den Grenzübergang zu schaffen. Sie schafft es und landet schließlich in München. Erst hier wird ihr klar, was eigentlich passiert ist und das nur ein Teil von ihr angekommen war – ihr Herz hat sie nämlich verloren. Was jetzt kommt, hat mich am ganzen Körper erschaudern lassen. Das Universum meint es gut. Egal welcher Gott auf uns aufpasst. Er tut es, voller Liebe, und er meint es gut mit uns. Es gibt keinen Zufall. Sie treffen sich wieder. Sie, die Andere und ihr Baby.

Vertrauen – die junge Syrerin musste vertrauen. Auf diese Frau, auf eine höhere Macht und auf sich selbst. Sie tat es und sie wurde vom Leben dafür belohnt. In dieser Zeit müssen wir lernen die so weit verbreitete Gewohnheit des permanenten Misstrauens abzulegen. Die Flüchtlinge müssen auf unsere Hilfe vertrauen sonst haben sie keine Chance. Wir müssen auf die Lösungen und die Kompetenz der Politiker vertrauen. Wir müssen auf uns selbst und auf das Leben vertrauen und mit Zuversicht auf eine neue Balance und eine sich neu entwickelnde Lebensstruktur mit neuen Menschen und mit neuen Ideen. Wir dürfen auf die Geschichte vertrauen, die uns immer wieder lehrt, dass das Leben einen Sinuskurven- förmigen Verlauf hat, auf den nach jeder Depression wieder eine Erleuchtung kommt. Vertrauen.

Umdenken

Indien, fast 40 Grad. – Langer Rock, lange Hose, Kopftuch. Unerträglich und trotzdem: Ich bin zu Besuch in diesem Land und ich muss mich anpassen an die Kultur und an das Denken der Menschen, die hier leben. Umdenken und mich lösen von meiner natürlichen Sichtweise auf die Dinge aus Respekt und auch aus Neugierde, wie es sich anfühlt so zu leben. Sie haben ihre eigene Religion, ihre eigene Tradition, ihr eigenes Menschenbild und ihre eigenen Regeln. In drei Wochen werde ich wieder zurückfliegen in meine Heimat, glücklich und voller neuer Erfahrungen und Eindrücke dieser so anderen, bunten und eindrucksvollen Welt.

Deutschland, fast 10 Grad. – Halb nackte, in Spitzendessous verpackte Frauen auf Plakaten und Männer, die Händchen halten. Kulturschock für viele Flüchtlinge. Manche von ihnen sind hier nur zu Besuch und werden wieder zurückkehren in ihre Heimat, wenn alles vorbei ist und voller Faszination von all diesen ungewöhnlichen Dingen erzählen. Viele werden hierbleiben. Und dann? Können wir von ihnen verlangen, dass sie sich diesem Lifestyle anpassen und das alles gutheißen, was sie gerade fast aus den Socken haut? Können wir von uns verlangen, jetzt mehr von unseren Körpern zu bedecken und all diese viel zu lange ersehnten Liberalisierungen beispielsweise bezüglich der gleichgeschlechtlichen Liebe wieder zurück zu entwickeln? Nein und nein. Ja und ja. Wir könnten schon, aber so würde eine Kultur die andere verdrängen und unterordnen. In meinen Augen der falsche Weg. Es muss ein neues Nebeneinander und Miteinander geben. Eine neue und offene Kultur. Was würde ich ohne meinen Döner tun? Wie viele der besten Abende starteten beim Griechen um die Ecke? Mit wem hätte ich vier Jahre meines Lebens verbracht ohne meinen kasachischen Ex-Freund? Einer der besten Menschen dieser Welt. Unsere Kultur und unser Leben leben bereits davon, dass wir in einem bunten Haufen zusammenleben. Das ist nichts Neues. Natürlich gab es immer unterschiedliche Gründe, wieso es zu Einwanderung kam, aber im Endeffekt ist es auch egal. Sie sind jetzt eben da, unsere Mitmenschen aus andern Flecken der Erde. Ich freue mich auf neue Freunde und auf neue Geschmäcker, auf neue Meinungen und auf neues Zusammensein, auf neue Herausforderungen und neue Toleranz. Ich habe jetzt die Chance anderen Kulturen näher zu kommen ohne mich überhaupt in ein Flugzeug setzen zu müssen. Natürlich prallen sicher auch die Fronten aufeinander und die Meinungen werden auseinandergehen an bestimmten Punkten. Beispielsweise wollte meine Freundin einen Typen, der vor ein paar Monaten aus Kabul nach einer langen Reise von insgesamt drei Jahren zu uns kam, abends beim Ausgehen einfach nur auf freundliche Weise mit einbinden, ihm willkommen-heißend zulächeln, damit er sich wohl fühlt. Noch ein paar nette Worte. Nicht mehr, das war alles. Das Ende der Geschichte war eine Brandmarkung an seinem Arm, die er sich selbst hinzugefügt hat. Die Initialen meiner Freundin „schmücken" jetzt seinen Unterarm. Er brannte sie sich mit einer Zigarette Punkt für Punkt in die Haut. Als Liebesbeweis, wie er ihr später erklärt, als sie schockiert erfährt, was er sich angetan hat. Wir, ihre Freundinnen, konnten es alle nicht glauben. Was dachte er denn? Dass sie ihn gleich heiraten will oder was? Vollkommene Entrüstung. Sprachlosigkeit. Umdenken. In seiner Kultur passiert es nicht, dass einem freizügig gekleidete Mädchen im Club mit der Hüfte wippend zulächeln. Wer hat denn jetzt Schuld? Sie oder er? Keiner von beiden. Hier knallen einfach zwei Kulturen aufeinander, die sich noch zu wenig kennen als dass man sich angemessen verhalten könnte. Sicherlich war seine Aktion krass. Ich denke, dass es gleichzeitig auch Ausdruck seiner inneren Wunden war, die er so sichtbar machen wollte. Ein Hilfeschrei.

Die Narbe an seinem Arm ist mittlerweile gut verheilt. Trotzdem sieht man sie noch. Ich kann nur hoffen, dass auch seine inneren Wunden bald verheilen werden. Ich denke das Wichtigste ist, vor allem in dieser Anfangszeit, dass wir lernen umzudenken, einen sensiblen Perspektivenwechsel zu vollziehen, um uns in diese allzu schwierige Lage der Neuen in unserem Land hinein zu versetzen. Irgendwann wird es sich einspielen und wir werden alle zusammen feiern, wie wir es jetzt eben auch tun. Ich persönlich bin nicht auf Deutschland festgelegt als Lebensraum. Vielleicht wird meine Wahlheimat einmal Mexiko sein oder gar Syrien. Wenn ich das so schreibe fühlt es sich unangenehm an und es schellen alle Alarmglocken. Syrien mein Daheim? Das ist wie salziger Zucker. Das schließt sich aus. In diesem Jetzt ja. Aber es wird eine andere Zeit kommen, in der es wieder erstrebenswert sein wird, dort hin zu gehen, wo gerade kaum mehr ein ganzes Haus steht. Aber so hat es in Deutschland auch einmal ausgesehen. Wir verdrängen vieles sehr gerne wenn wir die Phasen des Wohlstandes so überschwänglich genießen. Alles wird gut – da bin ich mir sicher.

Arnd Schimkat wirkt als Schauspieler in Kino- und Fernsehfilmen. Unter anderem spielte er in den Streifen „München 1972 – „Das Attentat“, „Alymanya – Willkommen in Deutschland“ und dem Kassenschlager „Vaterfreuden“. Schimkat, der auch als Komiker und Autor arbeitet, wurde 1969 geboren und lebt in München.

Mehr Mitgefühl üben

Von Arnd Schimkat

Liebe.

Geht es hier nicht um die Liebe?! Auch wenn viele von uns als Kinder nicht mehr im direkten Kontakt zu einer Kirche und den dazugehörigen Ritualen erzogen wurden, so sind die Werte unserer Gesellschaft im Kern doch durchaus christlich. Das, was uns bemühte Pädagogen beigebracht und uns unsere Eltern im besten Falle auch vorgelebt haben, das, was wir unseren Kindern weitergeben. Auch wenn nur mehr die wenigsten von uns wirklich bibelfest sind, so wissen wir doch eins: Jesus lebte, um uns seine Botschaft der Liebe zu bringen! Und ich bin mir sicher, dass diese Wurzel der Liebe nicht nur die Christen unter uns auch heute noch mehr verbindet, als viele von uns meinen. Nächstenliebe und Mitgefühl bildete und bildet den Kern vieler Religionen, schon aus dem ganz einfachen Grund, weil eine Gesellschaft ohne Mitgefühl auf Dauer nicht überleben kann. Man darf einfach nicht gleichgültig sein, wenn es um Menschen in Not geht. Denn wer seine Empathie verliert, verliert sich selbst. Oder, wie es der Dalai Lama sagte: Die Grundlage des Weltfriedens ist das Mitgefühl. Wir müssen uns kümmern um unsere Mitmenschen, müssen Mitgefühl üben. Und dabei ist es vor allem die gelebte Liebe, die zählt, die Praxis, nicht die Theorie.

Ich möchte mich hier auch gar nicht einreihen in die Diskussion über Quoten, Obergrenzen, Antragsverfahren und Grenzschließungen. Ich weiß, dass auch eine Diskussion über das Für und Wider – ob nun Flüchtlinge für unser Sozialsystem und unsere Wirtschaft ein Gewinn oder einen Verlust bedeuten – uferlos wäre und wohl immer eine Frage von Meinung bliebe. Und sie wäre mir auch nicht mitfühlend genug.

Vielmehr möchte ich hier meinen großen Respekt formulieren, der all jenen gilt, die sich in der sogenannten Flüchtlingskrise tatsächlich um die Menschen kümmern. Für mich sind die (meist ehrenamtlichen) Helfer echte Helden. In der 1800-Seelen-Gemeinde Hofstetten bei Landsberg, in der meine Eltern leben, wohnen derzeit zum Beispiel vierzehn Asylsuchende, neun aus Eritrea und fünf aus Afghanistan, in der Nachbargemeinde sind es siebzehn Asylbewerber, fünfzehn aus Eritrea und zwei aus Syrien. Die Aufgaben des ehrenamtlichen Helferkreises sind extrem umfangreich und als ich davon hörte, wie hingebungsvoll sich die Helfer einbringen, war ich sehr gerührt: In beiden Orten wird von Montag bis Freitag Deutsch unterrichtet, Fahrdienste und Freizeitaktivitäten werden organisiert, das Alltagsgeschehen in der Unterkunft begleitet, Zeit für Gespräche eingebracht und die Integration in die Dorfgemeinschaft unterstützt. Die Flüchtlinge werden in den Gesangsverein, in die Kirche und auch privat eingeladen. Das ist echte Integrationsarbeit! Doch das ist erst der Anfang in Hofstetten. Die Herausforderungen gerade im Hinblick auf die zu erwartenden Anerkennungen als Flüchtlinge, verbunden mit Wohnungs-, Ausbildungsplatz- und Arbeitssuche, werden nicht weniger. Erst ein junger Mann hat im Dezember bereits den Flüchtlingsstatus erhalten, darf vorerst für drei Jahre in Deutschland bleiben und kann uneingeschränkt eine Tätigkeit aufnehmen, für die anderen muss weiter gesorgt werden und vielleicht – oder eher wahrscheinlich – werden der Gemeinde bald neue Flüchtlinge zugewiesen.

Für diese ehrenamtlichen Helfer im Dorf ist es wahrscheinlich selbstverständlich, gewissermaßen eine „Christenpflicht“, sich für die Menschen, die ihre Heimat in Not verlassen mussten, einzusetzen. Viele würden vielleicht auch gerne helfen, haben aber dafür keine Kapazitäten. Sie sind schlicht mit dem eigenen Überleben und dem ihrer Familie bereits komplett ausgelastet. Nur warum lastet überhaupt so viel auf den Ehrenamtlichen? Ist hier nicht ganz klar etwas im Argen? Ein Staat, der die ihm zufallende Aufgabe zu helfen einfach an diejenigen auslagert, die sich, um ihr Seelenheil bemüht, direkt engagieren und einbringen, ein solcher Staat, der sich selbst nicht mehr kümmern kann oder will, der hat sich doch verloren. Dabei hat Deutschland etwas sehr christliches in seinem Grundgesetz stehen. Es verpflichtet sich „dem Frieden der Welt zu dienen“ und es bekennt sich zur Unantastbarkeit der Menschenwürde.

Doch wer hinsieht, findet, abgesehen von den ehrenamtlichen Helfern, eine Gesellschaft und Politik in unserem Land, die vom Frieden in der Welt ebenso weit entfernt ist, wie es einst die Inquisition von Jesus' Lehren war. Und das macht mich nur traurig. Oft mischt sich zu der Trauer und Sorge auch noch Wut. Wut über die wahren Auslöser dieser Flüchtlingswellen. Immer wieder sind es die Kriege auf die ich komme, wenn ich an die Ursache denke. Was sonst? Die Ungerechtigkeit der Verteilung und die Kriege. Ja, es hilft leider nichts. Wer über Flüchtlinge sprechen will, muss auch über Krieg sprechen.

Krieg.

Seit ich denken kann erlebe ich, wie versucht wird, mir einen Krieg nach dem anderen zu „verkaufen“. In meiner Kindheit waren es Vietnam, Kambodscha, Laos, (insgesamt bis zu vier Millionen tote Zivilisten!), man gewöhnte sich an Iran-, Irakkrieg, Nicaragua, Chile und viele andere. Der Vietnamkrieg brannte sich erneut als das Abbild eines schrecklichen Krieges in unsere Köpfe und die furchtbaren Bilder, die uns von dort erreichten, riefen letztlich sehr natürliche Reaktionen bei uns hervor: Wir fanden diesen Krieg ungerecht, wollten nicht sehen, wie mit modernen Waffen gegen einfache Menschen gekämpft wird, wollten keine Bilder von schreienden Kindern, denen die Haut in Fetzen vom Leib hing, sehen. Viele demonstrierten gegen diesen Krieg. So etwas sollte nie wieder geschehen, nicht schon wieder! Deutschland hat sich auf seine Erfahrungen, sein Trauma aus zwei Weltkriegen berufen und Deutschland hatte gelernt: Nie wieder Krieg! Der Pazifismus war eine anerkannte und bis in die hohe Politik salonfähige Lehre. Auch die Menschen in den USA waren schockiert über diesen perversen und – wie alle Kriege – letztlich völlig sinnlosen Krieg in Vietnam. Doch was hat die Kriegswirtschaft in den USA daraus gelernt: leider nur zynisches. Nicht etwa die Kriege wurden weniger oder weniger brutal, nein, mit viel Aufwand wurde daran gearbeitet, uns diese Kriege ab sofort „besser" zu verkaufen. Embeded Journalism.

Lüge.

Heute sollen uns nur noch computerspielähnliche und sterile Bilder des Krieges erreichen, Bilder die keine Opfer mehr zeigen, sondern die Bösewichter bedrohlich und böse, die Retter gut und die von den guten Rettern armen Geretteten. Und ähnlich wie es schon im Film „Wag the Dog" sehr schön gezeigt wurde, wurden mit viel Aufwand und einem über 50 Milliarden-Dollar-Jahresetat der sechzehn US-Geheimdienste Kampagnen entwickelt, die uns allesamt gutgläubigen und friedliebenden Menschen die vorgeschobenen Kriegsgründe gehirnwäscheartig in die Köpfe hämmerten und weiter hämmern. Es sollte weiter gut verdient werden an dem Geschäftsmodell Krieg. Man benannte ihn um, versuchte ihn zu verharmlosen, damit wir ihn zulassen, unsere Empörung nicht zu laut wurde. Wir wollten ja auch glauben, dass es immer die Guten sind, die gegen das Böse kämpfen, für Gerechtigkeit, Wohlstand und Demokratie. Aber mit den Jahren mussten wir erkennen, dass sich nichts geändert hatte am schmutzigen Geschäft des Krieges, dass es meist kein Gut oder Böse gab, jedoch immer handfeste wirtschaftliche oder machtpolitische Interessen und immer unendliches Leid.

Alleine dem Krieg gegen den Terror fielen seit 2001 1,3 Millionen Menschen in Afghanistan, dem Irak und Pakistan zum Opfer. Eins Komma drei Millionen!!! Was soll das? Wie will man das rechtfertigen? Was ist hier der Terror? Dazu kamen im gleichen Zeitraum Kriege im Libanon, in Libyen, der Ukraine, in Gaza und in Syrien. Ganz zu schweigen von den zahlreichen Konflikten in Afrika, wo fast immer auch westliche Interessen involviert sind …

Hier noch eine schockierende Zahl: Nach Ende des Zweiten Weltkrieges sind weltweit mindestens 25 Millionen Menschen durch Kriege gestorben! Und uns erzählt man, es sei für einen guten Zweck?!?

Entschuldigung, aber ich bin es müde! Müde, für dumm verkauft zu werden und müde, diesem Treiben zusehen zu müssen! Kein einziger dieser Kriege hat die Welt zu einem besseren Ort gemacht! Wie könnte das auch sein.

In welch wunderbarer Zeit könnten wir hingegen leben, wenn wir aufhörten unsere Energien in Kriege und Lügen zu stecken und begännen, die Möglichkeiten die wir heute haben für echten Fortschritt und Wohlstand zu nutzen? Wir könnten in einem wahrhaften Paradies leben. Ein Paradies für alle, auf der ganzen Welt. Keiner müsste vor Umweltzerstörung, Armut, Krieg oder Not fliehen. Denn zuerst kommt immer die Not, dann die Flucht.

Gier.

Wie viel Geld wird ausgegeben für einen Krieg wie zum Beispiel dem in Syrien? Und das ist Geld – wie es in der Natur der Sache liegt – das nicht nur ausgegeben, sondern an anderer Stelle auch verdient wird! Wie viele Milliarden Dollar, Euro, Rubel? Mal ganz im Ernst: Warum nimmt man nicht das Geld und gibt es für Sinnvolles aus: gute Bildung, Krankenhäuser, Wohnungen, nachhaltiger Landwirtschaft- und/oder Energieprojekte. Das ist nicht naiv! Das ist eine echte, eine reale Möglichkeit! Nehmt diese Milliarden und gebt sie für Projekte aus, die die Menschen nach Vorne bringen! Auch damit ist genug Geld zu verdienen. Stattdessen werden die Gegenwart aller und die Zukunft der jungen Generation nachhaltig zerstört. Denn auch der Zusammenbruch der Bildung für die Kinder und Jugendlichen Syriens heute wird sich noch lange auswirken und noch in vielen Jahren Armut und Chancenlosigkeit und damit auch Flucht erzeugen.

Und hier tut ein Großteil der Politik so, als seien die Flüchtlingsströme eine Naturgewalt, die uns überraschend und unvorhersehbar heimsucht, ignoriert den Zusammenhang mit aggressiver Geopolitik fast völlig, blendet das unendliche Leid und die Not der Fliehenden zum Teil ebenso aus, um dann den Ehrenamtlichen die Arbeit zu überlassen. Das kann's nicht sein! Das ist beschämend.

Mitgefühl.

Krieg konnte nur deshalb zum politischen Kalkül werden, weil wir selbst vergessen haben, was er und was Flucht bedeutet, was es für die Menschen bedeutet, deren Häuser und Familien zerstört, deren Lebensgrundlagen vernichtet, deren Recht auf Sicherheit, Gesundheit, Bildung und Leben vernichtet werden. Denn wir, in unserer Welt, sind nicht nur durch zu viele Nachrichten abgestumpft, wir sind auch gut versorgt mit dem Wesentlichen und vielem, was weit darüber hinausgeht. Und wir haben zu tun. Wir haben unser Brot und unsere Spiele und auch unsere eigenen – im Vergleich meist kleinen – Probleme. Und wenn uns dann gesagt wird, dass hier oder dort ein verrückter Irrer am Werke ist, der mit Waffengewalt entfernt werden muss, dann sind wir oft bereit, das hinzunehmen. Wie oben bereits erwähnt kann man zu unserer Entschuldigung sagen, dass schließlich auch jährlich über 50 Milliarden Dollar allein in die US-amerikanischen Geheimdienste fließen, die sich bekanntermaßen nicht zuletzt auch mit Desinformation beschäftigen.

Darüber ist vielen von uns die Fähigkeit mitzufühlen abhanden gekommen. Zu regelmäßig einerseits und zu gefiltert andererseits kommen die Nachrichten über die zahlreichen Kriegsschauplätze zu uns, um noch unsere Herzen erreichen zu können. Und wenn die ganze wahre Dimension der Grausamkeit eines Krieges dann doch mal zu uns durchdringt, dann ist die Abscheu, das Entsetzen so groß, dass wir es möglichst schnell wieder verdrängen. Fast verdrängen müssen, denn Widerstand gegen die Kriegsmaschinerie scheint zwecklos. Aber ist es nicht bereits Widerstand, zu erkennen und darüber zu sprechen, dass Kriege nie ohne Alternative und schlichtweg das Verachtenswürdigste und Abscheulichste überhaupt sind? Zu erkennen, dass allein Kriege verantwortlich für Flucht und Vertreibung sind. Kriege dürfen von uns einfach nicht als eine mögliche Lösung von politischen Konflikten akzeptiert werden. Auch wenn Pazifisten derzeit kein gutes Standing haben und selbst der Papst im Dezember 2015 von der „Welt“ als „Primitiver Antikapitalist“ bezeichnet wurde, dürfen wir nicht aufhören, an den Frieden zu glauben, für den Frieden zu beten und für den Frieden einzutreten! Bringt euch ein! Engagiert euch für die Menschen, die Opfer wurden, helft, wo es geht, seht die Zusammenhänge, ächtet Waffen und deren Lobbyisten!

Mitgefühl wird unser Mittel gegen Krieg und seine Folgen sein. Wir müssen wieder wacher werden und mehr mitfühlen! Denn wir sind immer mehr bereit zu akzeptieren, dass Krieg ein notwendiges Übel ist. Die wenigen Tage (ja, es waren leider nur wenige Tage) in denen zum Beispiel der deutsche Eintritt in den Syrienkrieg diskutiert wurde, traf ich viele Menschen in München, die das einfach als alternativlos oder zumindest leidenschaftslos hingenommen haben. Die Nachrichten werden in weiten Kreisen nur noch als erweiterte Form des Entertainments wahrgenommen. Schon allein aufgrund deren schieren Menge scheitert ein echtes Mitfühlen. Zum Beispiel konnte ich neulich zufällig mit anhören, wie mittags am Nebentisch im gediegenen vietnamesischen Restaurant, zwei Männer mittleren Alters aus der gebildeten Mittelschicht und offenbar zu jeglicher Empathie unfähig, mögliche Bombenszenarien und IS-Bekämpfungsstrategien laut besprachen. Dass Bomben nichts als Leid und Elend für die Bevölkerung bedeutet, konnten diese beiden dabei problemlos ausblenden. Wahrscheinlich hatten sie einfach nicht mehr die Fähigkeit, das Werkzeug dazu. Und das müssen wir wieder ändern. Wir müssen wieder lernen mitzufühlen! Goethe schilderte im Jahre 1811, noch 56 Jahre nach dem verheerenden Erdbeben von Lissabon (1755), zutiefst einfühlend und mit noch immer spürbarem Schock seinen gebliebenen Eindruck über die Nachricht des furchtbaren Ereignisses, die ihn als Kind als Kupferstich-Abbildung erreicht hatte.

Lasst uns Mitgefühl üben! Lasst uns weniger Zeitung lesen, weniger Nachrichten hören und schauen. Lassen wir uns nicht abstumpfen! Und wenn die Flut an Bildern und Meinungen dann doch mal über uns zusammenschwappt, der Kampf um unsere Köpfe uns betäubt, dann picken wir uns nur eine der Nachrichten heraus und lassen diese wirklich an unser Herz heran. Es wird uns überwältigen. Und wir werden als mitfühlende Menschen an die Opfer denken, um sie trauern, für sie beten.

„Und hier tut ein Großteil der Politik so, als seien die Flüchtlingsströme eine Naturgewalt, die uns nun überraschend und unvorhersehbar heimsucht, ignoriert den Zusammenhang mit aggressiver Geopolitik fast völlig, blendet das unendliche Leid und die Not der Fliehenden zum Teil ebenso aus, um dann den Ehrenamtlichen die Arbeit zu überlassen. Das kann's nicht sein. Das ist beschämend."

Arnd Schimkat

Anke Rauthmann ist Theaterregisseurin. Sie arbeitete unter anderem bei den Bregenzer Festspielen, an der Israelischen Oper in Tel Aviv, an Opernhäusern in Frankreich und an der Komischen Oper Berlin. Sie lehrte unter anderem am Royal Music College in London und war auch Leiterin der multikulturellen Berlin International Opera. Rauthmann lebt in Hamburg.

Flüchtige Gedanken

Von Anke Rauthmann

Ich bin ein Kind der Flucht. Auch wenn von außen betrachtet nichts darauf hinweist.

Geboren und aufgewachsen in der beschaulichen Bundesrepublik der 70er und 80er Jahre in der norddeutsche Tiefebene hatte ich eine ziemlich normale Kindheit im Einfamilienhaus mit Garten – nur, dass meine Familie eben „aus dem Osten" kam – dem mythologischen Osten, nicht bloß „hinter der Mauer", sondern der Osten, den es ganz offiziell nicht mehr gab. Der Osten, der entschwunden war hinten den sieben Bergen ins Reich der Sagen und Märchen, wo Rübezahl hauste und „die greusse Kälte kimmt".

Beide Elternteile, die Großmütter sowie meine Tanten nannten und nennen Schlesien ihre Heimat. Aus eben diesem Schlesien sind mein Vater als auch meine Mutter 1945/46 als Kinder geflüchtet oder vertrieben worden. Es war das Ende des Zweiten Weltkriegs, dem Horror des 20. Jahrhunderts.

Die Flucht-Geschichten habe ich früh gehört – Geschichten von Todesangst und Demütigung, Chaos und zufälligen schicksalhaften Wendungen, von Hilfeleistung und Solidarität.

Zunächst fand ich sie spannend, sog alles auf, was ich in Erfahrung bringen konnte, dann quälten sie mich. Dann vergaß ich sie.

Heute sehe ich, wie sehr mich die Flucht-Erlebnisse meiner Eltern geprägt haben, und wie tief das Erbe sitzt. Es ist auch ein Erbe, das Deutschland geprägt hat.

In dem aktuellen Flüchtlingsdrama wird die Erinnerung an die Flucht-Geschichten meiner Eltern wieder lebendig.

Wenn ich die Flüchtlinge heute auf dem Hamburger Bahnhof ankommen sehe und in ihre Gesichter schaue, dann denke ich - was haben sie erlebt? Welche Gefahren mussten sie überstehen? Wie viele Tote mussten sie zurücklassen? Welche abenteuerlichen, schrecklichen, absurden Geschichten können sie erzählen? Nie stelle ich in Frage, dass es Todesangst oder existentielle Not war oder das Grauen vor dem, was kommt, was sie in die Flucht getrieben hat. Es gilt, ihnen mit Menschlichkeit und Würde zu begegnen und Hilfe zu leisten.

Kein Flüchtlingsstrom gleicht dem anderen, und doch ist es immer die Angst, die in die Flucht treibt:

„Wir sind geflüchtet, als die russische Armee vor Liegnitz stand. Wir hörten den Kanonendonner, wir sahen schon die Blitze, dieses Leuchten am Himmel … Wir saßen gerade beim Mittagessen – da schlugen schon die russischen Panzergranaten ins Nachbarhaus ein. Wir sind blitzschnell aus dem Haus raus – meine Mutter, meine Schwester, meine Tante – und die Straße entlang. Bis zu einem großen Platz am Rande der Stadt. Dort quoll alles über vor Menschen – Frauen mit Kindern, deutsche Soldaten, Flüchtlingswagen, Militärfahrzeuge – alles wollte auf die Straße in Richtung Westen. Dort aber ging es nur schleppend vorwärts. Erst nach Stunden erreichten wir Bahngleise, wo auf flachen offenen Güterzügen Massen von Menschen saßen. Alles Flüchtlinge. Wir klettern also auch auf einen Wagon, ein Soldat hilft uns. Kurz vorher sehen wir noch auf den Höhen russische Panzer, wie sie ihre Rohre hin- und her schwenken. Da sagt der Soldat, der mit uns auf einem Güterwagon sitzt: ‚Ja, wenn die Russen auf uns schießen, gehen wir alle in die Luft, wir sitzen nämlich auf Munitionskisten!' Wir sind sofort runter und auf einen anderen Zug rauf geklettert. Und ich bin gerade noch so mit drauf gekommen, der Zug setzte sich nämlich schon in Bewegung. Ich war die letzte …"

Meine Mutter erlebte eine abenteuerliche, verworrene Flucht im Zickzack-Kurs zwischen Schlesien, dem Sudetenland und

Sachsen. Mit ihrer Mutter und Schwester zusammen hat sie schließlich ihr nacktes Leben retten können.

„Wir hatten nur noch den Speck, den Rucksack und den Pullover – und das, was wir am Leibe trugen. Meine Mutti im zerissenem Kostüm … Wir hatten im Grunde genommen nichts mehr, nur das, was wir an hatten."

Mein Vater ist in einem schlesischen Dorf aufgewachsen. Dort wurde die gesamten Dorfgemeinschaft von der polnischen Administration und der russischen Armee vertrieben. Mit Pferdewagen und dürftigem Gepäck zogen sie nach Westen. Ihre Ankunft wurde westlich der Oder/Neiße-Grenze nicht gerade wohlwollend aufgenommen.

„Wir wurden als Plage, ja als Landplage angesehen, wie fahrendes Volk, das überall verjagt wird, wo es auftaucht. Der stärkste Eindruck aus dieser Zeit war, als wir nach der Überquerung der Neiße auf der Straße entlang durch die Dörfer im Spreewald zogen. Wir müssen sehr abgerissen ausgesehen haben. Es war gerade Erntezeit, und ein Bauer aus der Gegend fuhr mit einem Wagen voller Gemüse an uns vorbei. Ich weiß nicht mehr, was er geladen hatte – Karotten oder Kohl? Einer unserer Ältesten, der einen Flüchtlingswagen zog, sprach den Bauern an: ‚Könntest Du uns was abgeben, für unsere Kinder?' – Da hat der Bauer die Peitsche genommen und sie dem Alten um Beine und Kopf geschlagen und geschrien: ‚Ihr erbärmliches Gesindel! Warum seid Ihr nicht dort geblieben, wo Ihr herkommt! Lasst uns in Ruhe!'"

Demütigend waren auch die Erfahrungen im Flüchtlingslager:

„Außerhalb von Hoyerswerda war ein großes Flüchtlingslager. Dort kamen alle Flüchtlinge aus dem Osten rein, und jeder bekam in diesen Barracken einen Schlafplatz zugewiesen. Die Leute lagen dicht an dicht. Als wir ankamen, gab es nur noch zwei Betten in einer Nische. Und da sind wir dann eingewiesen worden.

Am nächsten Tag mussten wir erst mal zur Entlausung. In einem riesiggroßen Duschraum mit Duschköpfen an der Decke. Und da mußten sich alle, Frauen und Kinder, nackt ausziehen. Die Männer hatten den zweiten Duschraum. Die Kleider wurden draußen abgelegt – und dann kam von oben irgendein Desinfektionszeug. Wir wurden also entlaust – obwohl wir keine Läuse hatten."

Die Erfahrung von Hunger prägt meine Eltern bis heute, auch wenn diese Anekdote etwas skurril wirkt:

„In unserer Gemeinschaft gab es eine alleinstehende alte Frau, Taubstumm-Anna nannten wir sie, die hatte einen Dackel. Eines Tages war der Dackel verschwunden.

Großes Wehgejammer von der Anna. Und peinliches Schweigen wohl von denen, die eingeweiht waren. Und plötzlich gab's die Info: Ja, also, es gibt Fleisch zu essen. Draußen wurde im Wald auf Ziegelsteinen, die man irgendwo organisiert hatte, und auf einer Blechplatte irgendetwas gebrutzelt. Es bekam also jeder ein Stückchen Fleisch. Und es hat uns geschmeckt ..."

Nach der Vertreibung war die Integration schwer, meist gab es Vorurteile über Flüchtlinge.

„Am ersten Tag in der neuen Schule mussten wir erst mal unser Alter nennen. Und da ich schon älter war als die Klassenkameraden in der 3. Klasse – denn ich hatte ja schon zwei Jahre keine Schule mehr gehabt – haben sie mich ausgelacht. Sitzenbleiber! Sitzenbleiber!

In Schlesien waren die Schulen nämlich geschlossen und als Lazarett eingerichtet worden, Liegnitz war ja Frontstadt, wogegen in Markersdorf nicht gekämpft wurde – das war der Unterschied. Wir wurden also eingestuft, als seien wir ein bisschen plemplem. Ja, wir hatten zwei Jahre keine Schule gehabt, aber dafür hatten wir zwei Jahre mehr Lebenserfahrung ...".

Meine Eltern haben sich später als junge Erwachsene mit großer Energie eine neue Heimat geschaffen – in besagter norddeutscher Tiefebene. Ein Akademiker-Leben mit großer Familie, Haus und Garten, Hobbys und Freunden. Dennoch wiegt der Verlust der Heimat schwer. Wie lebt es sich damit?

„Haben wir Flüchtlinge uns gegenseitig unterstützt? Natürlich, so weit man konnte. Nur hatte man anfangs ja nichts. Jeder musste sehen, wie er existiert. Man war ja froh, dass man lebte. Die seelisch-moralische Unterstützung bestand in erster Linie darin, sich gegenseitig Hoffnung zu machen: Wir können sicher wieder nach Hause. Diese Hoffnung hatten wir lange."

Erst ein halbes Leben später konnten meine Eltern ihre alte Heimat besuchen. Sie haben uns, ihre Kinder, mitgenommen, später auch die Enkel. Es war schön, dieses ferne, nahe Land am Fuße des Riesengebirges zu erleben, zu riechen und zu spüren. Den fast südlichen Einschlag, das Lebenslustig-Sentimentale, was so gar nicht norddeutsch ist. Es ist ein Teil meiner familiären DNA. Meine Heimat ist Schlesien dennoch nicht.

Neulich sah ich drei junge arabisch sprechende Männer in Hamburg-St. Georg vor einem Unterhosen-Geschäft – männliche Unterwäsche, wohlgemerkt! Die drei Jungs waren kleidungstechnisch sehr gestylt und sahen gut aus. Waren es Flüchtlinge? Wer weiß … In meiner Fantasie waren sie es. Die Drei schauten neugierig ins Schaufenster und diskutierten ernsthaft und angeregt die neueste Unterhosen-Mode. Ich musste lächeln und dachte mir: Sie sind angekommen.

Farid Müller ist Grünen-Politiker in Hamburg. Der 1962 in Kairo geborene Müller lebt seit dem sechsten Lebensjahr in Deutschland. Der frühere Vizepräsident der Hamburger Bürgerschaft ist als Abgeordneter heute unter anderem Sprecher der Grünen für die Themen Haushalts- und Finanzpolitik.

Hamburg kann das schaffen!

Von Farid Müller

Ich war ein kleiner Junge, ging auf die Grundschule, als mich Mitschüler fragten, ob mein Vater Kameltreiber sei. Ich konnte mit der Frage überhaupt nichts anfangen. Ich hatte noch nie in meinem Leben Kamele gesehen, lebte in Bremen, das bekanntlich in der norddeutschen Tiefebene liegt und nicht in der arabischen Wüste. Kamele gab es da höchstens, wenn ein Zirkus in der Stadt Halt machte. Aber Kinder können grausam sein und oft liegt ihnen das Herz auf der Zunge. Schnell wurde mir klar, was meine Mitschüler stutzig machte: mein Name. Ich hieß damals Farid Hamdan. Mein Vater war Ägypter, meine Mutter Deutsche. Damals war es noch juristisch vorgeschrieben, dass die Frau den Namen des Mannes übernimmt. Und so stand in meinem Pass und auf meinen Schulheften eben Farid Hamdan. Für mich das natürlichste der Welt. Eigentlich. Wenn da nicht diese Fragen der anderen gewesen wären.

Später heiratete meine Mutter nach dem Tod meines Vaters ein zweites Mal. Mein Stiefvater hieß Müller, und so bekam auch ich diesen ja doch sehr deutschen Namen. Meine Umwelt schien nun vollends überfordert. Farid Müller – ja was ist denn das? Ein komischer Name, und irgendetwas arabisches verbirgt sich doch dahinter. Wenn ich mich an der Universität für ein Seminar anmeldete, wurde ich nicht selten gefragt, ob ich denn überhaupt Deutsch könne. Wenn ich dann in meinem nordisch geprägten Deutsch antwortete, war das Erstaunen nicht selten groß; manchmal gab es auch eine leicht beschämte Reaktion. Vor allem, wenn ich zu dem Gespräch beisteuerte, dass ich sehr wohl problemlos der deutschen Sprache mächtig sei – dagegen kein Wort Arabisch spräche. Als ich älter wurde und mich später schließlich für Jobs bewarb, verfolgte mich dieses Spiel häufig, besonders wenn mein Gegenüber meinen Bewerbungsunterlagen entnahm, wo ich geboren war: nämlich in Kairo. Noch heute, da ich doch immerhin in Hamburg ein nicht ganz unbekannter Politiker bin, stutzen manche Leute, wenn sie meinen Namen lesen oder ich mich vorstelle.

Als Kind habe ich darunter, dass ich irgendwie als anders wahrgenommen werde, gelitten. Ich bin zwar in Kairo geboren, aber im zarten Alter von zwei Jahren nach Deutschland gekommen. An mein Geburtsland konnte ich mich gar nicht erinnern, aber mein Heimatland Deutschland kannte ich genauso gut wie alle meine Mitschüler.

Ich muss wohl auch die Vorgeschichte meiner Ankunft in Deutschland erzählen, wenn der Leser oder die Leserin verstehen soll, warum ich manchmal einen eigenen, persönlichen Blick auf das leidvolle Schicksal der Flüchtlinge habe, die vor Krieg, Hunger und Diktatur geflohen sind. Mein Schicksal war bei Weitem nicht so dramatisch und tragisch wie das dieser Männer, Frauen und Kinder. Aber es hat mein Leben geprägt, schon in sehr jungen Jahren. Meine Eltern hatten sich in den fünfziger Jahren in Deutschland kennengelernt, genauer: in West-Berlin. Beide hatten dort studiert, man kam sich näher, heiratete. Meinem Vater war es während seines Studiums gelungen, einen deutschen Pass zu bekommen, das heißt also, neben der ägyptischen Staatsbürgerschaft auch die deutsche. Meine Eltern siedelten nach dem Studium meines Vaters nach Kairo über. Doch genau zur Zeit meiner Geburt begann sich der ägyptische Diktator Nasser, an die Sowjetunion anzunähern. Der Kalte Krieg, damals gerade auf einem Höhepunkt, machte auch vor der arabischen Welt nicht halt. Nasser begann alle Amerikaner und Westeuropäer aus dem Land zu werfen. Mein Vater war zwar Ägypter, aber er hatte auch den deutschen Pass. Aber meine Mutter war ja ohnehin West-Deutsche. Also mussten meine Eltern – weil sie sich natürlich nicht trennen wollten – Hals über Kopf das Land verlassen. Nicht über Flüchtlingslager, nicht über eine Balkanroute oder den lebensgefährlichen Weg mit einem kleinen Schlauchboot über das Mittelmeer. Aber eben doch Hals über Kopf. Sie mussten alles zurücklassen und konnten, bevor es zu schlimmerem kam, zu Verwandten und Freunden meines Vaters reisen, zuerst nach Jordanien, dann nach Beirut. Und ich, ein zweijähriger Steppke, war dabei. Meine Eltern blieben monatelang, denn sie wussten gar nicht, wie es weitergehen sollte. Schließlich entschlossen sie sich, nach Deutschland zu gehen, weil mein Vater als Flugzeugbauingeneur hier Chancen auf eine Arbeit sah. Das klappte dann auch bei VFW Focker (dem heutigen Airbus-Unternehmen) in Bremen.

Doch Ägypten ließ ihn nicht so einfach los. Natürlich nicht. Es war seine Heimat, aus der er hatte fliehen müssen; seine Eltern und seine Verwandten und Freunde lebten dort. Also besuchte er regelmäßig seine Eltern. Auch im Jahr 1967, und vielleicht wäre alles gut gegangen, wenn er nicht gerade zu der Zeit in Kairo gewesen wäre, als der Sechs-Tage-Krieg mit Israel ausbrach. Jetzt betrachteten die Behörden, die ihn wenige Jahre zuvor aus dem Land vertrieben hatten, ihn plötzlich als Ägypter. Er war Flugzeugbauingenieur, ausgebildet in Deutschland – damit galt er als kriegswichtig. Und da er ja noch seinen ägyptischen Pass hatte, zogen sie ihn in die Armee ein. Er musste in diesen kurzen Krieg ziehen – und fiel. Ich war fünf Jahre alt und ohne Vater.

Wenn ich heute Flüchtlingskinder aus Syrien, dem Irak oder Afghanistan sehe, frage ich mich oft, ob auch sie ihren Vater in einem Krieg verloren haben, für den sie nichts können, für den sie nicht zuständig sind, der ihnen einfach das liebste genommen hat: ein oder vielleicht gar beide Elternteile. Und wenn ich heute mit Flüchtlingen zu tun habe, muss ich an meine früheren Erlebnisse als Kind oder junger Erwachsener manchmal zurückdenken. Viele von ihnen sind jung und viele von ihnen werden wohl ähnliche Erfahrungen machen wie ich, sollten sie in Deutschland bleiben und nicht nach in ihre Heimat zurück gehen, um ihre Heimat wiederaufzubauen. Sicher, die deutsche Gesellschaft ist heute viel offener als in den sechziger, siebziger oder achtziger Jahren. Wir haben in durchaus mühseligen Prozessen echte Lernfortschritte erzielt, was unsere Sichtweisen auf das Andere angeht. Es geht in den aktuellen Debatten leider unter, dass schon heute die allermeisten Migranten sich doch ganz erfolgreich integriert haben – dass aber auch die Mehrheitsgesellschaft sich unter ihrem Einfluss, im Austausch mit diesen Menschen entwickelt hat. Und zwar positiv.

Als Grüner bin ich ja ohnehin dem Neuen gegenüber offen, sehe im Fremden nicht Gefahren, sondern zuerst Chancen. Dem steht nicht entgegen, dass wir Grünen auch gerade durch die derzeitige Flüchtlingsproblematik vor schwierigen Entscheidungen stehen und viele Ideale, wie eine kleinteilige Unterbringung von Flüchtlingen zurückstellen müssen. Weil eben die Realität zur zeit das alles nicht einfach macht. Wir verraten keineswegs unsere Grundsätze, aber die Begegnung mit einer für alle völlig neuen Realität zwingt nun mal manchmal zu pragmatischen Kompromissen. Wie Baden-Württembergs grüner Ministerpräsident Kretschman treffend gesagt hat: Irgendwo müssen die Flüchtlinge ja nun hin. Wir dürfen niemandem erlauben, unsere Werte in Frage zu stellen, die wir uns ja selbst – wie die Gleichberechtigung der Frauen oder die Rechte für Lesben, Schwule und Transgender – mühselig erkämpft haben. Wir haben liberale Werte, zu denen wir stehen. Das alles steht nicht zur Disposition, ohne wenn und aber.

Ich glaube aber, dass viele Flüchtlinge das auch gar nicht wollen. Klar, sie sind in erster Linie wegen der Kriege oder Bürgerkriege in ihren Ländern geflohen. Aber sie sind auch beispielsweise vor dem Islamischen Staat geflohen, weil sie in Freiheit und

Selbstbestimmung leben wollen. So wie sie es sich hier erhoffen. Warum sollten sie dann ausgerechnet diese Werte missachten und missbrauchen wollen?

Ich weiß aus eigenem Erleben, wie es ist, sich wegen seiner Herkunft – oder auch nur wegen seines Namens – zurückgesetzt, ausgeschlossen zu fühlen. Ich weiß nicht, wie es ist, in eine völlig neue Welt gestoßen zu werden, eine Welt die mir kulturell unbekannt ist, eine Welt, deren Werte man lernen muss; eine Welt, in der zum Beispiel Religion privat ist und der Staat über allem steht. Das ist kompliziert, das muss unglaublich anstrengend sein. Manche werden daran scheitern, so wie solche Flüchtlinge, die hier kriminell werden. Aber das ist eine kleine Minderheit. Für die anderen, die ganz große Mehrheit gilt: Helfen wir ihnen. Trotz all der Schwierigkeiten, die ganz zweifellos noch auf uns zukommen werden und die es ja auch schon gibt. Angela Merkels Satz „Wir schaffen das" war gut, aber unzureichend. Leider hat sie nicht gesagt, wie. Das werden wir in der nächsten Zeit in Deutschland nachholen müssen. Aber ich sage ganz klar: Hamburg kann das schaffen!

Gregor Gysi war nach der Wende 1989/90 erster Vorsitzender der damaligen PDS, die aus der SED hervorgegangen war. Er galt und gilt als Zugpferd der inzwischen in Linkspartei umbenannten Partei. Bis Herbst 2015 stand er an der Spitze der Bundestagsfraktion. Gysi, der in der DDR als Rechtsanwalt tätig war, ist Mitglied des Deutschen Bundestages und vertritt einen Berliner Wahlkreis.

Für ein europäisches Asylrecht

Von Gregor Gysi

Seit der Entscheidung von Angela Merkel, Deutschland nicht gegen Flüchtlinge abzuschotten, ist eine Debatte darüber entbrannt, ob sich Deutschland nicht übernommen hätte. Dabei folgte die Kanzlerin einer Rationalität, die ihre Kritikerinnen und Kritiker von rechts – seien sie nun in der Union oder nicht – eigentlich überzeugen müsste. Würde sich Deutschland abschotten, wäre man die Flüchtlinge nicht los, man vergrößere nur die illegale Einwanderung und damit all die Probleme, die damit verbunden sind. Wer das nicht sieht oder nicht sehen will, folgt entweder einer ideologischen Fiktion oder glaubt, rechte Formationen wie die AfD dadurch zu schwächen, indem man ihre Positionen nachahmt. So etwas führt zu gegenteiligen Effekten. Nicht die CSU profitiert von ihrem Obergrenzen-Gerede in Bayern, sondern die AfD.

Einige sprechen von einer Flüchtlingskrise. Mich irritiert diese Ausdrucksweise, denn es ist nicht klar, was in der Krise sein soll: das bisherige Dublin-System, das System der Flüchtlingsabwehr an den EU-Außengrenzen, das Gesellschaftssystem der Bundesrepublik? Oder sollen Flüchtlinge gar Verursacher einer Krise sein? Was vorliegt, ist ein verstärkter Zustrom von Flüchtlingen in die EU und zurzeit insbesondere nach Deutschland. Und es gibt tatsächlich Krisen. Wir haben seit längerem eine Krise des Sozialstaats, wir haben eine krisenhafte, da sehr instabile, Ordnung der internationalen Beziehungen, die Finanz- und Eurokrise gibt es auch und jetzt haben wir auch ein Aufflammen nationaler Egoismen bezüglich der europäischen Bewältigung des Zustroms von Flüchtlingen. Aber letzteres gibt es gewissermaßen obendrauf, zusätzlich zu den bereits genannten Krisen.

Es mag dieses Beieinander verschiedener Krisen sein, das Teile der Bevölkerung für rechtspopulistische Politikangebote ansprechbar macht. Sie liefern rückwärtsgewandte Utopien, sie rufen eine angeblich heile Welt von gestern in Erinnerung und versuchen glaubhaft zu machen, dass man von den Folgen des Weltgeschehens dann verschont bliebe, wenn man sich von der Welt und ihrem Lauf fernhielte. Dazu aktivieren sie Ressentiments gegen „die da oben", gegen „Brüssel", gegen „Fremde" und überhaupt gegen alles, was sich scheinbar in Verantwortung nehmen lässt für diverse ungünstige Entwicklungen. Aber die instabile internationale Lage hängt damit zusammen, dass die alte Welt des Systemkonflikts verschwunden ist und Neuordnungskonflikte das Geschehen beeinflussen, eine neue Ordnung also noch nicht da ist. Die Finanz-und Eurokrise hängt mit deregulierten Finanzmärkten und hochspekulativen Geschäften zusammen und die Krise des Sozialstaats resultiert aus einem neoliberalen Staatsumbau. Dagegen kann man aber nicht mit Ressentiments ankämpfen, zumindest nicht wirksam. Was rechtspopulistische Bewegungen und Parteien also real anzubieten haben, ist die autoritäre Aufrechterhaltung des Status Quo mit einem ideologischen Angebot an die Abstiegsgefährdeten: Ihr dürft Euch besser fühlen als die noch schwächeren „Fremden". Dieses Angebot ist rein ideologisch. Eine soziale Besserstellung ist dabei nicht vorgesehen.

Eine Politik, die auf Solidarität ausgerichtet ist, die will, dass Flüchtlinge in unsere Gesellschaft integriert werden, muss daher ein wenig mehr aufbieten, als das Bekenntnis „Wir schaffen das!", so wichtig diese Aussage von Angela Merkel auch war. Sie muss sagen können, wie die Integrationsleistung zu bewerkstelligen ist. Außerdem muss endlich ein entschiedener und wirksamer Kampf gegen die Fluchtursachen geleistet werden.

Das rechtspopulistische Reaktionsmuster, die Schwachen gegen die Schwächsten auszuspielen, wird auch gern vom Herrschaftsmanagement, freilich weniger schrill, praktiziert. Wenn Solidaritäten verhindert werden, herrscht es sich am besten. Nur eine linke, fortschrittliche Sozialpolitik kann verhindern, dass sich Keile zwischen die Abstiegsbedrohten, die Armen und die Flüchtlinge treiben lassen. Alle müssen „gewinnen". Aber das geht nicht ohne eine Umverteilung des Reichtums von oben nach unten. Die vor uns liegende Integrationsaufgabe ist auch eine Gelegenheit für unsere Gesellschaft, das Teilen erneut zu lernen: neben dem Teilen mit den Armen das Teilen mit den Flüchtlingen.

Die sogenannte Flüchtlingskrise hat zudem schlagartig sichtbar gemacht, was 20 Jahre Neoliberalismus mit dem Land gemacht haben. Der „schlanke Staat" hat zu einer völlig überforderten Verwaltung und zu unhaltbaren Zuständen in der Infrastruktur und öffentlichen Daseinsvorsorge geführt. Ein über Jahre aufgebauter Investitionsrückstand wird abzutragen sein. Aber ein Zukunftsinvestitionsprogramm, das den Namen verdient, muss Bildung und Mobilität, Wohnen und Gesundheit im Zentrum haben. Zugleich muss die Teilhabe aller Gesellschaftsmitglieder an diesen Gütern optimal, also bedürfnisgemäß organisiert werden.

Große Veränderungen werden auf unser Land zukommen. Natürlich rufen große Veränderungen auch Ängste hervor. Teilhabe am Fortschritt ist ein wirksames Mittel, um Veränderungen demokratisch und sozial zu gestalten – und als Zugewinn.

Einige Mindestbedingungen kann man hier nennen: Eine aktive Arbeitsmarktpolitik muss auch ermöglichen, dass ein Leben auf einem menschenwürdigen materiellen Niveau möglich wird. Die Innenpolitik muss von rassistischen und kulturalistischen Mustern gereinigt werden, und Menschenrechte dürfen nicht nur für die weiße Mittelschicht gelten. Andernfalls, wenn die Bundesrepublik hier versagt, erzeugen wir soziale Gruppen der Ausgeschlossenen und die deklassierten Parallelgesellschaften, vor denen die Konservativen warnen. Im Übrigen hat die viel gescholtene frühere rot-rote Regierung in Berlin gezeigt, was möglich wäre, wenn es politisch gewollt wird. Die einst verrufene Rütli-Schule ist heute, als Gemeinschaftsschule, eine Art Vorzeigeschule. Hier war für die Kinder mit Migrationshintergrund, die dort vorherrschten, plötzlich eine echte, auch von der Schule angestrebte, Abiturperspektive vorhanden.

Freilich wird so auch sichtbar, an welche Grenzen das Land stößt, wenn wir das Problem nicht zugleich auch europäisch angehen. Offene Grenzen gehören zu Europa. Wenn wir den Schutz der Menschen vor Not und gleichzeitig ein offenes Europa wollen, muss perspektivisch ein europäisches Asyl- und Einwanderungsrecht geschaffen werden. Gegenwärtig setzen aber zu viele EU-Staaten auf Abschottung. Das hat – nicht in erster Linie, aber auch – mit der Haltung Deutschlands in der Euro-Krise zu tun. Da war es Deutschland, das die Euro-Krise zu einem Problem der anderen erklärte. Jetzt stellt sich beispielsweise Polen hin und verhält sich analog.

Aber Fluchtursachen gibt es viele. Es gibt keinen Grund anzunehmen, dass morgen Schluss wäre mit Fluchtbewegungen. Was wir brauchen, ist ein Engagement Deutschlands und der EU bei einer neuen Friedens- und Entwicklungspolitik. Es gibt zu viele Bürgerkriege, zu viel Unterernährung und zu viel falsche Entwicklungspolitiken. Hier sind Neuansätze dringend geboten – schon weil den Folgen der falschen Politik, das zeigen ja die Fluchtbewegungen, wir ohnehin nicht ausweichen können.

Das ist ein linkes Programm. Dazu wird aber auch Mut benötigt, links regieren zu wollen. Zurzeit vermisse ich diesen Mut. Die gesellschaftliche Basis einer solchen Politik jedenfalls gibt es. Das sind die vielen Menschen, die freiwillig den Flüchtlingen helfen, ihnen das Gefühl geben, in unserem Land wirklich willkommen zu sein. Jetzt muss die politische Linke noch verstärkt merken, dass sie gefragt ist.

„Eine Politik, die auf Solidarität ausgerichtet ist, die will, dass Flüchtlinge in unsere Gesellschaft integriert werden, muss daher ein wenig mehr aufbieten, als das Bekenntnis ‚Wir schaffen das', so wichtig diese Aussage von Angela Merkel auch war."

Gregor Gysi

Vivian Daniel ist Schauspielerin und hat in zahlreichen Kino-Produktionen, unter anderem in „Models", „Hundstage" und „Paradies der Hoffnung" mitgewirkt. Außerdem trat sie in mehreren TV-Serien wie „Tatort" oder „Kommissar Rex" auf. Daniel wurde 1972 im österreichischen Mödling geboren.

SAMSARA

Von Vivian Daniel

Beißender Geruch in meiner Nase, ich werde wach, doch meine Augen lassen sich nicht öffnen, als wären sie zugeklebt, mein Körper schmerzt und ich friere. Kalter Schweiß auf meiner Haut. Ich richte mich auf, der Boden ist hart und ich reibe meine Augen. Endlich löst sich etwas krustiger Schleim. Sie lassen sich ein wenig öffnen aber alles verschwommen, wie durch Milchglas. Mit klammen Fingern taste ich nach meinem Telefon, welches immer neben mir auf dem Bett liegt, aber statt iDevice und meinem zerwühlten warme Laken, spüre ich wie kalter Sand durch meine Finger rinnt.

Meine Augen brennen als hätte ich Zitronen-Spritzer abbekommen oder Zwiebeln geschnitten. Ich ziehe meine Augenlider brutal mit Zeigefinger und Daumen auseinander, scanne mein Umgebung Meter für Meter ab, warte das sich meine Augen wie die Linse einer Kamera scharf stellen. Atme ein, atme aus. Die Luft ist schlecht und heiß, das Atmen fällt mir schwer.

Es ist nicht das in himmelblau gestrichene Schlafzimmer mit dem riesigen weißen Holzbett. Das duftende Laken mit den zarten Blüten des Laura Ashley Designs. Das Zimmer mit der kleinen Terrasse die den Blick auf den dichten Wald freigibt. Ein Wald vergleichbar mit dem aus Grimms Märchen.

Kein schummriges Licht das aus dem Kinderzimmer zu mir rüber leuchtet. Da liegt nicht zu meinen Füßen eingerollt mein Maine Coone-Kätzchen Coco. Nicht das leise Rumoren des in der Ferne vorbeiziehenden Verkehrs, welches dir das Gefühl gibt nicht alleine auf der Welt zu sein, sondern in einer Stadt, in einem Bezirk, einem Bezirk der Sicherheit und der Ruhe. Stattdessen sehe ich in ein Meer von Menschen. Große, kleine, dicke, dünne, ein friedliches Bild wenn nicht der ein oder andere völlig verdreht da läge.

Es ist so still, kein Geräusch nur dichter Rauch und diese Stille.

Ich muss aufwachen sagt eine Stimme in meinem Kopf, dies ist ein Alptraum, aber ich will nicht … Ich will herausfinden warum ich hier bin. Ich versuche aufzustehen aber es geht nicht. Irgendwas hält mich fest. Statt meines Pyjamas aus Flanell trage ich ein beiges, fast hautfarbenes Kleid. Dieses Stück Stoff kenne ich nicht. Es ist lang und hüllt mich gänzlich ein. Das Kleid, mein Körper und ich verschmelzen mit dem Sand. Ich begutachte, wundere mich, schau an mir herunter, nach links, nach rechts, bis meine Augen einen kleinen Jungen erkennen.

Der Junge scheint nicht viel kleiner als ich zu sein. Er ist der Grund meiner Unbeweglichkeit, irgendwie ist er verheddert mit meinem Kaftan. Seine Augen sind geschlossen. Er sieht aus wie Mogli aus dem Dschungelbuch. Schläft er? Ein Gedanke wie ein Satz in meinem Kopf „Wir müssen hier weg – fliehen!"

Ich berühre ihn. Versuche ihn zu wecken. Warum wird er nicht wach? Irgendetwas liegt auf seinen Beinen. Ich kann nicht erkennen was es ist. Es sieht aus wie eine Schneeverwehung, aber statt Schnee ist es Sand. Ich hebe den Jungen an. Aber er bewegt sich nicht. Als wäre er aus Stein. Als ich den Sand beiseite schiebe, entdecke ich den Grund, ein Felsen, ein Gesteinsbrocken liegt auf Mogli. Er ist so schwer, dass ich es einfach nicht schaffe ihn herunter zu heben. Ich zerreiße den Stoff des Kaftans und schiebe mit den Füßen den Trümmer von dem Jungen. Der Anblick raubt mir den Atem und ich spüre warme Flüssigkeiten zwischen meinen Beinen hinunter laufen. Ich starre auf den ausgefransten Rumpf eines Menschen. Ich springe auf und weiche zurück. Ein dumpfes Geräusch als seine Hand zu Boden fällt.

Ich drehe mich im Kreis, wie auf einem viel zu schnellen Karussell. Kein Boden unter meinen Füßen. Vor meinen Augen das einst so schöne mir bekannte Land. Es fühlt sich an wie Heimat. Ist nun aber ein Friedhof ohne Namen. Frauen, Männer, Kinder, Babys, Hunde, Katzen und Haustiere durchlöchert, zerdrückt, verrenkt, zerrissen. Leblose Lebewesen mit abgetrennten Gliedmaßen, kopflose Körper, geschändet, ausgeweidet unkenntlich gemacht.

Eine nackte Frau mit klaffender Wunde an ihrem Bauch. Ein Fötus liegt daneben, die Nabelschnur noch immer verbunden mit dem nicht mehr lebenspendenden Körper. Plötzlich beginnen meine Fußsohlen zu klopfen. Ein regelmäßiges Pochen – der Herzschlag der Erde. Das Grab unter meinen nackten Füßen. Es pulsiert. Ich kann das vergossene Blut spüren, jeden Tropfen wie kleine Nadelstiche unter meinen Sohlen. Als würde die Erde sich mit mir verwurzeln, mich halten wollen.

Ich schließe meine Augen um diesen Alptraum zu verlassen. Als ich sie wieder öffne hat sich jedoch nichts verändert. Noch immer stehe ich hier als einzig Lebende zwischen all den Toten. Mein Körper setzt sich ohne mein Zutun in Bewegung. Wie ferngesteuert zieht es mich fort. Zuerst langsam, doch von Schritt zu Schritt nimmt das Tempo zu, bis ich laufe, renne, ohne zu wissen wohin, trägt mich mein Körper weg von diesem Ort. Der Himmel tut sich auf, wie nach starkem Regen zeigt das tiefe Blau mir den Weg. Dabei wird er stetig heller und heller. Als die Sonne aufgeht und ihre ersten Strahlen mich berühren, keuche ich bereits und schmecke Millionen von Salz-Tröpfchen in meinem Mund. Ich drehe meinen Kopf. Aus dem Rauch aus dem ich kam, treten winzig kleine Körper hervor, erst embryonenähnlich kriechend die Nabelschnur hinter sich herschleifend, verwandelt sich deren Gestalt in Bluthunde, lechzend und gierig auf meiner Fährte. Am anderen Ende der Leine sind Menschen wie du und ich. Sie sind hinter mir her. Nun packt mich die Angst, kriecht durch jede Faser meines Körpers, nicht mehr lange, dann haben sie mich eingeholt.

Ich muss hier weg, mich verstecken, darf nicht riechen, darf nicht lebendig sein. Da erscheint nicht weit entfernt ein kleines Mädchen. Sie ist eingehüllt in dunklen Stoff, ein schmaler Schlitz zeigt ihre Augen. Als ich näher komme sehe ich für einen Moment in ihre Augen, sie leuchten so blau wie der Himmel über mir so blau wie zu ihrer Geburt. Doch bevor ich sie erreiche, dreht sie sich um und läuft davon. Mit einer Handbewegung deutet sie mir ihr zu folgen.

Ein Geruch nach Schweiß vermischt mit Kotze und Kot, holt mich in die Gegenwart zurück. Eine riesige Halle, eine Sporthalle. In der Dunkelheit sehe ich Tore leuchten. Weit oben sind Fenster, eine ganze Fensterfront durch die ein voller Mond herein strahlt. Eine Frau beugt sich über einen Körper und spricht englisch mit deutschem Akzent. Ein Ansammlung von hunderten von Betten, nein eher Pritschen mit Decken, Kissen fasst alle belegt von Menschen. Einige schlafen, andere reden, manche weinen. Der Geruch ist unglaublich, aber es riecht nach Leben.

Es treibt mir die Tränen in die Augen. Ich kann nicht unterscheiden, ob ich stinke oder meine Umgebung. Dieses Bild kenne ich nur aus Filmen. Meine Liege ist schmal und hart und mein Laken ist voller Blut. Meine Füße sind eingebunden und in allen Rottönen schimmert und nässt es durch. Ich muss mich waschen. Ich muss auf's Klo. Mir ist furchtbar kalt. Wie ein angeschossenes Wild stehe ich vorsichtig auf. Wo bin ich? Wer bin ich?

Mein Körper ist erschöpft. Es fühlt sich an wie schlimmer Muskelkater in den Beinen.

Mein Rücken schmerzt von Kopf bis Steiß. Das Atmen ist beschwerlich und es hört sich an, als stecke etwas in meiner Lunge. Auf der Suche nach einem Klo komme ich an knienden Menschen vorbei … Sie beten … Ein Schluchzen kommt über meine Lippen und ich knie mich dazu: Herr hilf uns; bitte ich. Es fühlt sich gut an – ein Moment der Sicherheit – ein Gefühl in einem Cocoon zu sein, Friede!

Plötzlich fühle ich eine grobe Hand an meinem Arm. Eine Person zieht mich weg, er spricht in einer Sprache die ich nicht kenne. Ich verstehe ihn nicht und irre hinkend durch den kalten Raum. So viele Menschen und trotzdem bin ich alleine mit meinem Schmerz. Mein Kopf dreht sich zur Seite und ich sehe eine Frau die ich kenne. Ich gehe näher, sie geht auf mich zu, gleichzeitig bleiben wir stehen. Ich hebe meine Hand, auch sie hebt ihre Hand. Wir berühren einander. Handfläche an Handfläche.

Sie streicht mir über das Gesicht. Oder bin ich es, die sie streichelt?

Eine Träne läuft ihr die Wange hinunter. Mein Daumen fängt sie auf. Ein Anflug eines Lächelns in unserem Gesicht. In dieser tristen Umgebung. Wir sehen einander an.

Da erst erkenne ich, die andere bin ich.

Monty Arnold ist aus zahlreichen Comedy Shows wie dem Quatsch-Comedy-Club und der RTL-Show „Upps – Die Superpannenshow“ bekannt. Darüber hinaus wirkte er in zahlreichen Filmen wie „Der bewegte Mann“ mit. Arnold lebt in Hamburg und unterrichtet auch Musicalgeschichte.

Über das hereinbrechende Fremde

Von Monty Arnold

Mitte des 20. Jahrhunderts war New York das Rom der Moderne, wie es ein kluger Chronist formulierte. Dieser Status verdankte sich einem Phänomen, das durch New York in besonderem Maße hindurchgeflossen ist: den Einwanderern.

Ein ähnlich komplexes Vielvölkergemisch hatte ein knappes Jahrhundert zuvor und für einen noch längeren Zeitraum eine andere Stadt zur Kulturmetropole der westlichen Welt gemacht – Wien – und das sie umgebende Staatengebilde, die österreichisch-ungarische Doppelmonarchie, zu einer Art Schauplatz einer neuen Renaissance. (Berlin war zwischenzeitlich auf dem besten Wege, Wien diesen Schneid abzukaufen, doch nach der kurzen, fiebrigen Phase der Zwischenkriegszeit, jagte und schwemmte der Nationalsozialismus die Träger ihres Potentials fort in die Neue Welt.)

Wien – die große Pforte zwischen der Welt des Ostens und der des Westens – wurde in der Literatur zu Kakanien, dem märchenhaften Zentrum eines untergegangenen Reiches. In der Realität des 19. Jahrhunderts wurde dieses Gebiet vom Fehlen eines durch Geographie und Tradition gewachsenen Einheitsgefühls geplagt. Millionen Ungarn und Slawen widersetzten sich dem Bemühen ihres österreichischen Kaisers, ihnen Deutsch als offizielle Amtssprache aufzunötigen. Franz Josef versuchte mit drastischen Mitteln, dieses Durcheinanders Herr zu werden: er löste die Nationalversammlung auf und regierte per Dekret, und bis 1907 gelang es ihm, ein allgemeines Wahlrecht zu verhindern. Zu den faulen

Kompromissen, die er im Gegenzug machen musste, gehörte einer, dessen Folgen bis heute in der Luft liegen: Nachdem er sich drei Monate lang geweigert hatte, ihn als Bürgermeister im Amt zu bestätigen, musste er den Wienern schließlich den antisemitischen Hassprediger Karl Lueger zugestehen.

Doch all die nationalen Verwerfungen seines Riesenreiches schufen ein Klima, in dem ein farbenprächtiges Kulturleben gedeihen konnte. So entstand ein modernes Musiktheater (damals die Summe dessen, was wir heute als „Entertainment“ bezeichnen würden). Dieses kulturelle Erbe ist heute ironischerweise ein Grundbestandteil einer Einrichtung, die Österreich unter veränderten Vorzeichen eine neuerliche Flut von Fremden zuführt: der Tourismusbranche. Es lieferte außerdem den USA, als diese im 20. Jahrhundert Österreich als wichtigsten Melting Pot der Erde ablösten, die Basis für unsere heutige Popkultur.

Auch diese Errungenschaft gedieh keineswegs freiwillig.

1888 wurde die Freiheitsstatue eingeweiht, auf deren Sockel die berühmten Worte von Emma Lazarus prangen: „Give me your tired, your poor / Your huddled masses yearning to breathe free / The wretched refuse of your teeming shore. / Send these, the homeless, tempest-tossed to me.“ Dessen ungeachtet war man in New York von den Emigrantenströmen, die schubweise aus der Alten Welt herüberschwappten, keineswegs begeistert. Die Menschenmassen, die zunächst vor antijüdischen zaristischen Pogromen, später vor dem Nationalsozialismus und schließlich vor dem Zweiten Weltkrieg flohen, sollten bald Amerikas Aufstieg zur Weltmacht ermöglichen, erregten aber zunächst erst einmal entsetzte Ablehnung: „Mit dieser Ausländerschwemme kommen die ärmsten, gemeinsten und unerwünschtesten Völker nach Amerika, die jemals unsere Ufer erreicht haben!“ sorgte sich das „Wall Street Journal“. „Kein intelligenter Patriot kann ohne größte Beunruhigung hinnehmen, dass dieser Horde von Bauern, die nicht im Geringsten unsere Moralauffassungen teilt, Zugang zu unserer Politik, unserer Gesellschaft und unserer Industrie verschafft wird!" mahnte ein Professor der Yale University. Noch drastischer drückt es dieser zeitgenössische Kommentar aus: „Europa erbricht sich über uns." Die Autoren dieser Statements verdrängten, dass ihre eigene Nation kaum 150 Jahre zuvor von lauter Ausländern gebildet worden war.

Doch die Fremden blieben, und so gebar das vielstimmige Elendsviertel an der Lower East Side den Jazz, die Popmusik. Die Söhne der zumeist russisch-jüdischen Einwanderer revolutionierten auch das sinfonische Musikleben, und eine Unzahl deutscher Emigranten machte Hollywood zur internationalen Traumfabrik. Das europäische Malmot vom „kulturlosen Amerika" sollte aber noch etwa 50 Jahre brauchen, um sich zu verflüchtigen. Der Songschreiber Randy Newman äußerte sich 2008 dazu mit einem Blick nach Europa: „Emigration war nur gut für uns, doch man wundert sich heute. Selbst im früher so liberalen Holland – denken Sie an die 70er Jahre – schicken sie heute die Leute zurück. Sie interessieren sich wieder mehr für Windmühlen."

„Unser Land wird sich verändern!" lautet ein aktueller Slogan – obwohl niemand so recht weiß, was er bedeutet. Amerika hat diese Veränderung schon hinter sich.

Wir wünschen uns, die Fremden mögen unsere Wertvorstellungen übernehmen, und damit haben wir unbedingt recht. Aber wenn wir ehrlich sind, leiden wir unter dem langsamen Verschwinden einer vorherrschenden Weltanschauung, und das schon sehr viel länger, als wir ein Flüchtlingsproblem haben.

Ich wünsche uns, dass es auch uns gelingen möge, etwas aus dieser Lage zu machen. Etwas, das beim letzten Mal immerhin einen Sigmund Freud, einen Nestroy, einen Schnitzler, einen George Gershwin, einen Louis Armstrong hervorgebracht hat.

Wir könnten solche Leute wieder gut gebrauchen.
Und wir werden sie nicht geschenkt bekommen.

Bruno Merse ist Assistent des Chefdirigenten Jeffrey Tate sowie erster Solobratscher bei den Hamburger Symphonikern, dem Residenzorchester der Laeiszhalle. In dieser Doppelfunktion gilt es, die Kollegen, mit denen man gestern noch gemeinsam am Pult gespielt hat, heute schon als Dirigent in Proben und Konzerten anzuführen: ein ständiger künstlerischer und intellektueller Perspektivwechsel, dem viele seiner Gedanken zum Thema Gruppen- und Führungsverhalten geschuldet sind.
Er ist Chefdirigent des Lübecker Kammerorchesters und der Jungen Symphoniker Hamburg, ein Studentenorchester, das sich mit besonderen Konzertformaten wie der „Orchesterkaraoke" einen Namen gemacht hat. Er leitete Opernaufführungen in der Opera Stabile der Hamburgischen Staatsoper, in den Zeisehallen und er dirigiert darüber hinaus regelmäßig in der Hamburger Kammeroper.
Bruno Merse war Stipendiat der Haspa Musik Stiftung im Jahr 2011, im folgenden Jahr erschien eine erste CD mit Werken des Hamburger Komponisten Wolf Kerschek.
Als Gastdirigent wurde Bruno Merse wiederholt zu verschiedenen deutschen Orchestern wie den Stuttgarter Philharmonikern und auch nach China eingeladen, wo er u. a. mit den Orchestern der Metropolen Shanghai, Hangzhou und Tianjin arbeitete.

Was ist eigentlich der Unterschied zwischen der Bundeskanzlerin und einem Dirigenten?

(Und was hat Frau Merkel mit Brünnhilde gemein?)

Von Bruno Merse

Als ich gefragt wurde, ob ich einen Artikel zum Thema Flüchtlingspolitik schreiben könnte, war mein erster Gedanke: „No way! Why me?“

Nun, nach Auskunft der Herausgeber gelte ich als Intellektueller:

Zitat (Wikipedia): „Als Intellektueller wird ein Mensch bezeichnet, der wissenschaftlich, künstlerisch, religiös, literarisch oder journalistisch tätig ist, dort ausgewiesene Kompetenzen erworben hat und in öffentlichen Auseinandersetzungen ... Position bezieht. Dabei ist er nicht ... an einen bestimmten politischen, ideologischen oder moralischen Standort gebunden.“

Der letzte Satz gefiel mir am meisten, denn irgendwie irritierte mich dieser Partei übergreifende Konsens unseres Parlaments in der Flüchtlingsfrage. Alle schienen sich einer bedingungslosen Willkommens-Politik verschrieben zu haben. Politiker, die es wagten, trotz der vielen, furchtbar anrührenden Beispiele von Not leidenden Flüchtlingen in den Medien über die Belastbarkeit unserer Gesellschaft und über die realen Probleme der Situation nachzudenken, wurden augenblicklich zu kaltherzigen Unmenschen degradiert. Außerdem schien es zum guten Ton zu gehören mindestens einen, wenn nicht gleich alle politischen Gegner als Populisten zu beschimpfen. So war die Situation, wie ich sie empfand ...

Ich dachte also: „Fine, let's go!" und fing an, mir meine Gedanken zu machen, zu recherchieren und mein Bauchgefühl zum Thema zu befragen. Als erstes musste ich konstatieren, dass ich enttäuscht war … Enttäuscht von „denen da oben": unseren Politikern, von Regierung und Opposition gleichermaßen. Die angeblich Mächtigen wirkten ohnmächtig und schienen absolut keine Maßnahmen ergreifen zu wollen, um diese extreme und besondere Situation einer Zuwanderung so vieler Menschen in den Griff zu bekommen. Die pauschale Parole „Wir schaffen das!" reichte mir irgendwie nicht. Ich fand die Aussage des Tübinger Oberbürgermeisters Boris Palmer von den Grünen treffend: „Man müsse doch fragen, was geschafft werden soll. Leute in Notunterkünften unterbringen, da schafft man mehrere Millionen. Wenn es aber darum geht, Menschen in einem überschaubaren Zeitraum vernünftig in die deutsche Gesellschaft zu integrieren, dann liegt die Latte deutlich niedriger."

Zweitens stellte sich schnell heraus, dass das Thema ein Fass ohne Boden ist, eine Sisyphusarbeit: Kaum hast Du etwas Kluges aufgeschrieben, kommt ein AfD-Politiker, ein Terroranschlag oder die Silvesternacht von Köln daher und nichts ist mehr wie es war: der Strom bemitleidenswerter Flüchtlinge mutiert in den Medien und in den Köpfen der Deutschen zu einem Heer von IS-Terroristen oder einem Mob von Sexualstraftätern. Der Felsbrocken Deiner Gedanken rollt also den Berg runter und Du fängst wieder von vorn an …

Und drittens waren viele meiner Ideen zum Thema „Integration von Flüchtlingen aus einem anderen Kulturkreis in ein bestehendes Staatswesen" bereits irgendwo im Netz zu finden. Beinahe jeder Deutsche hatte über das Thema in der ein oder anderen Weise nachgedacht: Die klügsten Köpfe der Republik und die weniger Klugen leider auch, in tagelangen Beratungen auf höchster politischer Ebene bis hin in die Niederungen des Stammtisch-Talks …

Die Wortmeldungen in Regierung, Opposition und Bürgerprotesten hatten aber irgendwie eines gemein: dass nämlich vor allem diejenigen sich Gehör verschafften, die versuchten, politisches Kapital aus der Situation zu schlagen. Und so sank mein Zutrauen in die Politik ins Bodenlose: Linke Utopisten fordern lautstark eine grenzenlose Zuwanderung und wünschen sich ein Land, in dem Multikulti und Gutmenschentum nur so blühen, rechte Idioten schürten nicht minder zurückhaltend Fremdenhass und dazwischen die ernst zu nehmenden Politiker, die verhalten Sätze sagen wie: „Wir haben es nicht in der Hand, wie viele kommen!"

„Mooment mal! Wieso eigentlich haben wir es nicht in der Hand?"

Aber das wäre schon die nächste Frage. Also schön der Reihe nach: Was ist denn eigentlich der Unterschied zwischen einem Dirigenten und der Bundeskanzlerin?

Auf den ersten Blick sieht alles sehr vergleichbar aus: Beide wurden ausgewählt, in der Hierarchie einer Gemeinschaft ganz oben zu stehen und diese Gemeinschaft zu führen. Beide haben ein Heer von hochqualifizierten Mitarbeitern (hier Minister, Staatssekretäre und Berater, dort Instrumentalisten und Sänger) zur Verfügung, die sie bei der Durchführung der ihnen zugedachten Führungsaufgabe unterstützen und die es andererseits zu führen gilt, denn auch sie sind Mitglieder der Gruppe.

Im Falle des **Dirigenten** geht es um die Steuerung eines hochqualifizierten Klangkörpers. Er ist verantwortlich für die Erarbeitung und auch die abschließende Aufführung eines mehr oder minder schwierigen Konzertprogramms oder Opernabends.

Im Fall der **Kanzlerin** ist es die Führung einer großen Anzahl von Staatsbürgern, die in einem Konstrukt leben, das sich Staat nennt und dem Zweck dient, seinen Mitgliedern ein friedliches Zusammenleben zu ermöglichen.

Doch anders als in der Musik, bei der die Harmonie den Hörer augenblicklich gefangen nimmt, aber auch jeder falsche Ton, jeder

Missklang und jedes ungenaue Zusammenspiel sofort hörbar ist, sind die Ergebnisse in der Politik nicht so klar erkennbar: Fehler werden häufig erst viel später offenbar, manchmal liegen Jahre oder gar Generationen zwischen einer politischen Entscheidung und den daraus resultierenden Konsequenzen. Und es ist ja gerade die Kunst der Politik, mit anderen stets in einem Fluss zu verhandeln, der jederzeit das Zurückrudern ermöglicht, sowie die Ergebnisse der Verhandlungen möglichst verschwommen zu formulieren, so dass niemand bloßgestellt wird und ein einvernehmlich gutes Verhältnis mit anderen (Staaten) möglich ist.

Und es gibt es noch einen entscheidenden Unterschied:

Der Dirigent ist zum Zeitpunkt seines Wirkens niemandem außer sich selbst verantwortlich. Er ist auf der Bühne eine Art Alleinherrscher und muss keine Rücksichten auf politische Lager, Lobbys und Umfragewerte nehmen. Das heisst, dass er, wenn im Konzert eine Krise in Form einer Unsicherheit im Zusammenspiel auftaucht, augenblicklich und ohne Rückfrage an andere Instanzen eingreifen kann und muss. Ein guter Dirigent wird die richtigen Entscheidungen treffen und am rechten Platz helfen, ein schlechter eben nicht, seine (Fehl-)Entscheidungen lassen dann das ganze Konstrukt wackeln.

Die Bundeskanzlerin hingegen kann so einfach nicht entscheiden. Sie ist gebunden an ihre Koalitionspartner, muss in ihrer Regierung und in ihrer Partei ständig um eine Mehrheit buhlen, um Entscheidungen treffen zu können, noch dazu in einer (großen) Koalition, in der die Mitarbeiter unterschiedlichen politischen Lagern angehören und sich unter Umständen ideologisch spinnefeind sind. Das heißt, sie übt ihr Amt genau so lange aus, wie sie es schafft, alle Vertrags- beziehungsweise Koalitions-Partner bei Laune zu halten …

(Achtung: Dies ist NICHT der Ruf nach einem Diktator und glücklicherweise ist es dem Dirigenten auch strengstens untersagt, einem seiner Musiker ernsthaften Schaden zufügen … Es darf lediglich angemerkt werden, dass auch eine Demokratie Grenzen hat, wenn es darum geht, in Krisenzeiten schnell und angemessen zu reagieren.)

Fiktive Szene im Kanzleramt

Zeit: irgendwann im Sommer 2015

Die Mitglieder der Bundesregierung, Staatssekretäre und Berater sitzen völlig übernächtigt und abgekämpft an einem riesigen runden Tisch, vor ihnen Unmengen von Gläsern und Wasserflaschen, Kaffebecher, Tabletts mit Schnittchen, Pizzakartons …

Als den Anwesenden klar geworden war, welche Unmengen an Menschen sich auf den Weg nach Europa gemacht hatten und wie viele davon zwangsläufig auch nach Deutschland kommen würden, da hatten sie begonnen zu beraten, was man den Wählern da draußen sagen solle und die Beratungen dauern an … Plötzlich eine Wortmeldung:

„Hey Leute! Warum erlassen wir nicht einfach ein neues Gesetz, eine Lex Tertia: Jeder Bundesbürger tritt ein Drittel seines Vermögens ab an einen Zugereisten?! Damit würden wir doch viele Probleme auf einen Schlag lösen. Jeder Neuankömmling kann mit dem Geld raus aus einem Notaufnahmelager, sich eine Wohnung nehmen, hat einen finanziellen Grundstock um sich selbständig zu machen und integriert sich zwangsläufig viel schneller in die bestehende Gesellschaft. Die Staatskasse wird geschont und jeder Bürger wird absolut zu gleichen Teilen belastet, also sozial gesehen sehr gerecht… Hat im alten Rom doch schon mal funktioniert!

(etwas leiser, zu sich:) Na, wenn ich es genau überlege: vielleicht reicht auch eine Lex Quarta oder noch besser Quinta …?"

Stille … Dann entsteht ein aufgeregtes Durcheinander und Getuschel gefolgt von einer sehr, sehr schnellen Abstimmung: Der Antrag wird abgelehnt.

Erneute Wortmeldung:

„Sagt mal: Ist es denkbar, dass wir die Grenzen erst mal einfach schliessen?"

Allgemeines Kopfschütteln.

„Nein, das ist ein absolutes „No Go"!

„Klar, klar … aber abgelehnte Asylbewerber konsequent abschieben?"

Vereinzeltes Räuspern.

„Nein, lieber nicht: So eine Abschiebung sieht grauenhaft aus im Fernsehen. Wenn wir Pech haben, hat der abzuschiebende Familienvater ein schreiendes Kind auf dem Arm. Das wäre eine mediale Katastrophe! Also wirklich: nein!"

„Hmm …, dann vielleicht Obergrenzen bei der Anzahl der Zugereisten festsetzen?"

Unverständnis und Empörung machen sich breit.

„Ach nee, der Begriff „Obergrenze" hat laut einer neuen Studie eine ganz schlechte Konnotation, dass sollten wir in jedem Falle vermeiden …"

„Tja, dann aber wenigstens das Bild der Deutschen in der Weltöffentlichkeit aufpolieren?"

Die Gesichter entspannen sich. Breite Zustimmung und Erleichterung im Rund …

„Ja! Das ist gut, damit lässt sich was machen! Da sind wir flexibel und stehen gut da! "

Und so meinte man es irgendwie nur gut und einigte sich am Ende dieser oder ähnlicher Beratungen auf den Satz, der mich immer noch verstört, auch nach all den Monaten:

„Wir haben es nicht in der Hand wie viele kommen …"

„WIE BITTE?" Wieso bitte schön haben wir es nicht in der Hand, wie viele kommen? Wieso genau sollte es nicht möglich sein, die 3600 Kilometer lange deutsche Grenze zu überwachen? Hat man es denn überhaupt versucht? Gebt den Jungs von der

Bundespolizei das Mandat und dann werden die ihren Job schon machen! In anderen Ländern geht es schließlich auch. Und forderte dieselbe Kanzlerin nicht wenige Wochen später, die EU Außengrenze (Länge: 51 000 Kilometer!) solle besser geschützt werden …? Wie soll denn das dann bitte gehen?

Ändern wir also den Satz „Wir haben es nicht in der Hand wie viele kommen!" getrost in: „Wir wollen es nicht in der Hand haben, wie viele kommen …" Aber warum eigentlich wollen WIR das nicht? Denn genau mit dieser Aussage verstört mich Frau Merkel. Mir fallen nur zwei mögliche Antworten ein:

1. Politisches Kalkül

Die stille Hoffnung, als Kanzlerin der Integration in die Geschichte einzugehen? Der Versuch, es dem politischen Ziehvater Kohl gleichzutun, der eine Generation früher eigentlich auch nichts weiter tat, als die Grenzen öffnen zu lassen, vermutlich in der damals berechtigten Zuversicht, der Wohlstands-Staat werde es schon richten, und schon ging er als Vater der Wiedervereinigung in die Geschichte ein?! (Die Vereinfachung sei mir an dieser Stelle erlaubt …)

Schauen wir uns aber einmal die Unterschiede an:

Integration in die Bundesrepublik hat damals funktioniert bei 16 Millionen Ostdeutschen nach 40 Jahren der Trennung: Man sprach hüben wie drüben die selbe Sprache, wuchs grundsätzlich mit ähnlichen oder sogar gleichen Wertvorstellungen auf, es gab viele familiäre Bindungen über die Grenzen hinweg und man war durch die Medien mindestens in Grundzügen auf dem aktuellen Stand, was auf der anderen Seite des Zaunes so passiert. Und am allerwichtigsten: Die hinzukommenden Menschen beanspruchten kein Land! Sie blieben einfach, wo sie waren …

Heute ist es anders: Es werden Menschen vermischt, die vor allem einmal nicht miteinander kommunizieren können, weil sie keine gemeinsame Sprache sprechen. Menschen, die seit Jahrhunderten in unterschiedlichen Gesellschaften und Wertesystemen aufwachsen, deren Religionen unterschiedlich weit in das Staatswesen eingreifen, die unterschiedliche Rollenbilder von Mann und Frau haben und so weiter und so fort … Und bei dieser Aufzählung geht es NICHT darum, zu beurteilen was besser oder schlechter ist, die Systeme sind einfach anders aufgebaut.

> (Kleiner Exkurs: Die Welt in der wir leben kennt kein „Gut" und kein „Schlecht" oder „Böse". Moral ist nichts, was der Natur innewohnt. Die Menschen erschaffen moralische Kategorien, um das Zusammenleben zu ermöglichen: Nur wenn jedes Mitglied einer Gemeinschaft anerkennt, was gut und was böse ist, was also erlaubt ist und was nicht, kann eine Gemeinschaft prosperieren. Die zehn Gebote, der Codex Hammurabi und der Koran sind allesamt wunderbare Beispiele funktionierender Wertesysteme, die es Menschen erlauben, auch in großer Anzahl zusammen zu leben. Exkurs Ende)

Muss man dann aber nach dem Vergleich der Voraussetzungen von 1990 und 2016 nicht irgendwann über Zahlen sprechen? Ist es nicht sogar die Pflicht der Politik, dies zu tun, um bei der Bevölkerung keine Ängste zu nähren, die den Gegnern der politischen Randszene in die Hände spielen? Also Hand auf's Herz: Würden sich 16 Millionen Menschen integrieren lassen, so wie damals? Oder acht Millionen? Oder doch nur drei, zwei Millionen? Hat man sich die Unterschiede denn nicht vor Augen geführt? Ich weiß es nicht …

2. Die Sache mit der Macht

Im Vorspiel zu Richard Wagners Ring des Nibelungen gibt es auf der ganzen Welt nur die beiden Riesen Fasolt und Fafner, die in der Lage wären, dem obersten Gott Wotan seine neue Festung Walhall zu bauen. Leider sind die zwei Brüder sehr unangenehme Zeitgenossen und verlangen noch dazu einen unverschämt hohen Preis: Wotan soll ihnen die wunderschöne Göttin Freia überlassen, seine Schwägerin, die dummerweise auch noch die Bäume pflegt, deren Äpfel die Unsterblichkeit der Götter garantieren... Getrieben vom eigenen Verlangen und dem seiner Ehefrau schließt er den Vertrag mit den Riesen in der stillen Hoffnung, es werde sich schon irgendeine andere Lösung finden bis dahin, was aber leider nicht geschieht... Als er sich am Tag der Bauabnahme weigern will, die Göttin auszuliefern, wird er von den Riesen ermahnt: „Was Du bist, bist Du nur durch Verträge! Verträgen halte die Treu'!" Und so bleibt Wotan keine Wahl, als einen weiteren faulen Deal einzugehen: Entweder er verliert Freia und damit die eigene Unsterblichkeit oder aber er bringt den Riesen als Ersatz den Ring des Nibelungen, der den beiden unendliche Macht verleihen würde. Beide Optionen führen am Ende der viertägigen Oper zum Untergang Walhalls, zur Götterdämmerung ...

Ist die Kanzlerin also im übertragenen Sinne Gefangene der Deals mit den politischen Gegnern und ebenso eine der Demoskopen, die jede Meinung einfangen und ständig neue Umfrageergebnisse produzieren, so dass man stündlich ablesen kann, ob man dereinst wiedergewählt wird oder seine Macht verliert? Und traut sich etwa kein Politiker, den gesunden Menschenverstand öffentlich zu Wort kommen zu lassen, aus Angst, ein einziger Shitstorm im world wide web könnte die ganze Karriere ruinieren? Ist das der Grund, warum am Ende aller Überlegungen der politischen Elite nichts Greifbares herauskommt?

Es gibt da diesen unauflösbar scheinenden Spagat zwischen unserem Mitgefühl auf der einen Seite und der Notwendigkeit, die Dinge mit Abstand zu betrachten auf der anderen Seite.

Beim Betrachten einer Ameisenkolonie sehen wir, wie sie auf wunderbare Art und Weise funktioniert nach Gesetzen, die die einzelne Ameise sicher nicht versteht, egal wie klug sie auch sein mag. Warum nicht? Weil sie gefangen ist im eigenen Horizont, den Mutter Natur ihr mitgegeben hat. Genauso ist auch unser menschlicher Horizont begrenzt. Er ist bestimmt durch unsere Sozialisation, Instinkte, Bildung, Fantasien, Eitelkeiten, Träume und Hoffnungen … Hätten wir doch nur eine Art hand held device, mit dem wir per Fingerstreich ähnlich wie bei Google Maps heraus scrollen könnten, um auch mal über den Tellerrand zu schauen: Abstand nehmen zu können von den Medien, die uns all die anrührenden oder auch abstoßenden Einzelfälle in den schillerndsten Farben präsentieren! Es wäre sicher leichter, die derzeitige Situation in einem angemessen Licht zu beurteilen, wenn man den richtigen Maßstab einstellen könnte …

Und noch ein Letztes: Absolut niemand kann wissen, wie viele Flüchtlinge unser Land heute verkraften kann, denn es fehlen schlichtweg die Vergleichsmöglichkeiten. Und so ist es eigentlich unmöglich, dass so viele eigenständig denkende Politiker einhellig der Meinung sind, der Weg von Frau Merkel sei der Richtige! Noch im Dezember 2015 gab es auf dem CDU-Parteitag über 99 Prozent Zustimmung für einen nur leicht geänderten Kurs der Kanzlerin. Das ist übrigens ein besseres Ergebnis für den Parteivorsitzenden als in Nordkorea und lässt für mich keine andere Antwort zu, als dass es hier nicht um eine sachliche Auseinandersetzung ging, sondern um Herdenverhalten. 10 000 Fliegen können ja schließlich auch nicht irren, oder etwa doch?

Und so kommen wir hier noch zur letzten offenen Frage: Vielleicht verhält sich also die Kanzlerin so wie Wotans Tochter Brünnhilde, die in der letzten Szene vom „Ring des Nibelungen“ die Scheite selbst entzündet, die ihre Heimat Walhall und sie selbst in einem Meer von Flammen untergehen lassen: Vielleicht droht ja auch unserer Regierung (oder gar unserem Staat, wie wir ihn kennen) bald die Götterdämmerung, das Ende der Existenz.

„Denn der Götter Ende
dämmert nun auf.
So – werf' ich den Brand
in Walhalls prangende Burg.“

Für uns geht das Leben allerdings weiter. Wir werden sehen, wie unser Staat sich verändert, zum Guten und zum Schlechten. Wenn aber die Politik sich weiterhin in ideologischen Scharmützeln und realitätsfremden Diskussionen gefällt, statt tatkräftig zu agieren, so wird sie auch das Zutrauen der Bürger nicht wieder erlangen. Und macht sich erst mal in der Gesellschaft Angst breit, „die da oben“ hätten die Dinge nicht unter Kontrolle, dann mutiert das Individuum vom eben noch reflektierenden Staatsbürger zum Instinkt gesteuerten Herdentier und ist empfänglich für verführerische Parolen …

Anne Pütz (geboren 1973) studierte Theater-, Film- und Fernsehwissenschaft in Köln, Marburg und Birmingham und danach Regie an der Deutschen Film- und Fernsehakademie Berlin (dffb). Sie dreht Dokumentarfilme, entwickelt Spielfilmstoffe, schreibt Reportagen und Sachbücher. Seit 2014 arbeitet sie außerdem als Lehrerin in einer Willkommensklasse für Flüchtlinge in Berlin.

Ein Wunder in Berlin

Von Anne Pütz

Mir gegenüber saßen die syrischen Geschwister Nissren (9) und Dina (7). Ihre dunklen langen Haare waren stramm und akkurat zu einem Pferdeschwanz zurückgebunden. Mit ihren großen braunen Augen, die zweifelsohne Leidvolles vergruben, schauten sie mich an, ohne den Blick von mir zu wenden. Anders als andere Kinder, deren Aufmerksamkeit mal hierher- oder dahinwandert, die immer wieder ihre Position auf dem Stuhl ändern, mit ihrer Körpersprache Langeweile oder Ungeduld signalisieren, waren diese beiden Mädchen wie erstarrt. Sie bewegten sich fast nicht. Sie hatten etwas Unheimliches. Dann gab es noch ein Baby, das in einem Maxi Cosi lag und schlief, und ein weiteres Mädchen im Kindergartenalter, dem ich etwas zum Spielen gab.

Seit einem halben Jahr war ich nun als DaZ (Deutsch als Zweitsprache) -Lehrerin in der Willkommensklasse einer Grundschule in Berlin-Neukölln tätig. Wie so viele in dem Bereich bin auch ich eine Quereinsteigerin. Noch nie hatte ich einen so anspruchsvollen Job so leicht und schnell bekommen. Im Laufe des Schuljahres hatten sich immer wieder neue Kinder angemeldet – sie kamen aus Libyen, Rumänien, Bulgarien, Polen, Mazedonien und Syrien. Manche kamen aus wirtschaftlichen Gründen nach Deutschland, andere flüchteten vor dem Krieg, der in ihrem Land wütete.

„Woher kommen Sie“, fragte ich die Mutter, die verschleiert war und auffallend dunkle Augenränder hatte. „Aus Libanon“, antwortete sie. „Seit wann sind Sie in Deutschland?“ „Ein Monat.“ Ich wunderte mich, warum die Mutter nach nur einem Monat schon so gut Deutsch verstand und hakte gleich an dieser Stelle nach. Da stellte sich heraus, dass diese Frau gar nicht die Mutter der Kinder war, sondern nur eine Tante. Aber auch nicht wirklich ihre Tante. Sie erklärte umständlich, dass ihr Mann mit dem Vater der Kinder verwandt sei und dass die Kinder sie vorher noch nie gesehen hätten. „Und wo sind die Eltern?", wollte ich wissen. „Ertrunken, mit Schiff. Viele Leute auf Schiff. Baby auch."

Das haute rein. Sofort schossen mir Bilder durch den Kopf, die man tagtäglich in den Medien sieht: Überfüllte marode Geisterschiffe auf dem welligen Meer. Unzählige Flüchtlinge, auf engstem Raum zusammengequetscht, die angstvoll einer ungewissen Zukunft entgegenblicken – wenn sie überhaupt eine Zukunft haben... Ich musste mich zusammenreißen, damit ich das Aufnahmegespräch normal weiterführen konnte. Die beiden Mädchen, die fortan meine Schülerinnen sein sollten, waren also voll verwaist und lebten jetzt in einem Land, das ihnen komplett fremd ist und sich in seiner Kultur extrem von der ihrigen unterscheidet, und sie lebten bei Verwandten, die sie zuvor noch nie gesehen hatten. Mal ganz abgesehen von den Erfahrungen, die sie im Lager im Libanon und auf ihrer Flucht gemacht haben mussten. Viel schlimmer kann es einen kaum treffen. Ich versuchte, noch mehr Informationen zu bekommen, um die Situation der Kinder besser einordnen zu können. Die Familie – Eltern und Kinder gemeinsam – flüchtete im April 2015 aus dem Libanon nach Deutschland. Mit einem Schiff, das völlig überfüllt war, versuchten sie über das Mittelmeer zu gelangen. Doch das Schiff geriet, wie so viele, in Seenot. Als zwei Rettungsboote kamen, wurde die Familie im Chaos der Rettungsaktion auseinandergerissen. Die Eltern und das Baby kamen in das eine und Nissren und Dina in das andere Rettungsboot. Nissren und Dina überlebten den Schiffbruch. Ebenso ihre dreijährige Schwester, also das andere Mädchen am Tisch. Die Leichen der Eltern wurden allerdings nicht gefunden. Nissren, Dina und die kleine Schwester landeten schließlich in

Deutschland, in Berlin, bei dieser Tante und dem Onkel, die sie aufnahmen, damit sie nicht zu einer Pflegefamilie oder in ein Heim mussten. Das Ehepaar hat selbst fünf Kinder. Nun mussten sie sich um insgesamt acht Kinder kümmern und um ihren libanesischen Imbissladen. Jetzt war mir klar, warum die Frau solch schwarze Augenränder hatte. Ich fragte die Tante, wie die Kinder mit ihrem Verlust klarkämen. „Viel Stress“, antwortete sie. Abends im Bett würde Dina immerzu „Mama, Mama!“ rufen und lange weinen.

Ich hatte nun die Aufgabe, Nissren und Dina zu alphabetisieren und ihnen so schnell wie möglich Deutsch beizubringen. Darüber hinaus hatte ich das Bedürfnis, ihnen wirklich zu helfen. Nur wie? Als erstes rief ich zwei Trauma-Therapeuten an. „Die Plätze sind leider alle belegt. Wir haben nur solche Fälle“, lautete bei beiden die Antwort. Also musste ich selbst aktiv werden. Ich meldete mich bei einer Fortbildung an: „Traumatisierung bei Flüchtlingskindern“.

Was ich da zu hören bekam, war so grauenhaft, dass ich mir stellenweise die Ohren zuhalten wollte. Die Dozentin erzählte aus ihrem Arbeitsalltag, exemplarisch von einer Flüchtlingsfamilie aus Tschetschenien. Der Junge hatte mit ansehen müssen, wie sein Vater von Männern, die plötzlich nachts bewaffnet ins Haus gestürmt kamen, mit einem Sack über dem Kopf hinaus geschleift wurde und erst viele Monate später mit schweren Folterverletzungen und als gebrochener Mensch wieder zurück zur Familie kam. Seitdem litt der Sohn unter Albträumen und Panikattacken, er redete fast nichts mehr, weinte oft im Unterricht und war nicht ansprechbar. Außerdem verweigerte er die Nahrungsaufnahme und sah ganz krank aus.

Als die Fortbildung zu Ende war, musste ich feststellen, dass ich zu viel erwartet hatte. Ich hatte zwar erfahren, wie die Symptome bei Traumatisierungen aussehen und ich bekam einige Statistiken zu hören, aber kein Handwerkszeug, wie ich konkret mit betroffenen Kindern umzugehen habe. „Wichtig ist, dass Sie sich auch schützen, damit Sie nicht in ein Burnout rutschen, und dass die Kinder professionelle Hilfe bekommen", gab man uns den Rat. Letzteres hatte ich ja schon versucht, da war aus Kapazitätsgründen nichts zu holen, und ersteres ist ein wohlgemeinter Ratschlag, der für die gesamte arbeitende Bevölkerung gilt.

Viel konnte ich für meine traumatisierten Flüchtlingskinder also nicht tun, außer ihrem Alltagsleben eine Struktur zu geben und damit eine gewisse Normalität zu schaffen.

Pünktlich und perfekt geschniegelt standen Nissren und Dina wie vereinbart am nächsten Tag um 8 Uhr vor der Tür. Sie schwiegen die ganze Zeit, auch miteinander redeten sie kein Wort. Das machte sie in meinen Augen noch viel einsamer. Ich lächelte sie an, aber sie lächelten nicht zurück. Warum auch sollten sie lächeln, es gibt nichts mehr zu lächeln für diese Kinder, sagte ich mir. Ich ließ sie Bilder malen. Dina malte Wolken, die regneten. Und eine Sonne, die regnete. Den unteren Rand malte sie blau – es sah aus wie Wasser. Auf dem Wasser befanden sich Menschen, die einen zogen die Mundwinkel nach unten, die anderen nach oben. Waren das die Menschen, die einen, die gerettet wurden und die anderen, die nicht gerettet wurden? Das Bild zerriss mir fast das Herz. „Schön!", sagte ich und hing es an die Wand.

Am nächsten Tag fing ich an, die ersten Buchstaben mit ihnen zu üben. Als in dem Übungsheft das Wort MAMA vorkam, füllten sich Dinas Augen mit Tränen. Sie wandte sich ab, vergrub ihr Gesicht. Schnell blätterte ich die Seite um und suchte nach einer „neutraleren" Übung. Es gelang mir, Dina wieder „zurückzuholen", aber ich hatte fortan Angst, ihr Trauma wieder zu triggern und dann damit überfordert zu sein.

Nachts lag ich im Bett und grübelte darüber, wie ich es schaffen könnte, die Sache nicht so nah an mich herankommen zu lassen. Schließlich brachte mein uferloses Mitleid niemanden weiter. Mir fiel nichts ein, außer sehr dankbar zu sein, dass meine 6-jährige Tochter nicht durch solch eine Hölle gehen musste.

Nissren und Dina waren fleißige Schülerinnen. Ganz diszipliniert arbeiteten sie in ihren Übungsheften, tippten mich mit dem Finger an und zeigten auf das Blatt, wenn sie wissen wollten, ob ihre Lösungen korrekt waren.

Mir fiel auf, dass beide von Tag zu Tag rauere Haut bekamen, bis sie schließlich große wunde Schuppenflechten an den Händen hatten. Ebenso fiel mir auf, dass sie für die Frühstückspausen ausschließlich Süßigkeiten dabeihatten – keine Brote, kein Obst, nur Schokoladenriegel und Kekse. Ich fragte mich, ob ich das Haut- und Ernährungsproblem nun auch zu einer Baustelle deklarieren sollte oder ob das im Anbetracht der ganzen Umstände eher zu vernachlässigen sei. Ich entschied mich für Letzteres.

Nach ungefähr zwei Wochen kamen Nissren und Dina nicht mehr. Ein, zwei, drei Tage vergingen, ohne dass ich etwas von ihnen hörte. Kein Anruf im Sekretariat, keine schriftliche Entschuldigung, keine SMS, nichts. Ich rief die Tante an, sprach ihr auf die Mailbox, dass ich mir Sorgen mache und sie unbedingt zurückrufen solle. Aber es kam keine Rückmeldung. Ich wurde unruhig und malte mir aus, dass die Kinder vielleicht einen Zusammenbruch erlitten hatten und nicht mehr fähig waren, in die Schule zu gehen oder dass sie vielleicht schon abgeschoben worden waren.

Schließlich beschloss ich, einen Hausbesuch zu machen. Doch dazu kam es erst gar nicht. Denn mitten im Unterricht ging auf einmal die Tür auf und ein dunkelhaariger Mann stand vor mir. Er stellte sich als ein Cousin des Onkels der Mädchen vor. In knappen und holprigen Sätzen erklärte er, dass die Eltern von Nissren und Dina gefunden worden waren. Nicht tot, sondern lebendig! Der Vater in einem italienischen Krankenhaus. Er hatte bei der Rettungsaktion so viel Wasser geschluckt, dass er einen Monat lang im Krankenhaus liegen musste. Die Mutter in Kroatien. Auch das Baby hatte überlebt. Die Familienzusammenführung habe schon stattgefunden, und seit Tagen würden alle nur von einem Amt zum anderen gehen – so der Mann, der die frohe Botschaft überbrachte und sich mehrmals dafür entschuldigte, dass sein Deutsch so schlecht sei. Sobald Gewissheit herrsche, dass die Familie in Deutschland bleiben dürfe und sie eine Wohnung gefunden hätten, würden Nissren und Dina auch wieder zur Schule kommen.

Am liebsten hätte ich diesen Mann umarmt – Araber hin oder her. „Ich kann es nicht glauben! Jetzt müssen alle so glücklich sein. Das ist ja wie ein Wunder, wie ein Wunder", wiederholte ich mehrmals. Und ich glaube, dass alle Kinder in der Klasse gehört haben, wie es ganz laut „plopp" bei mir machte – und verstanden.

„Als im Übungsheft das Wort MAMA vorkam, füllten sich Dinas Augen mit Tränen. Sie wandte sich, vergrub ihr Gesicht. Schnell blätterte ich die Seite um und suchte nach einer ‚neutraleren‘ Übung.“

Anne Pütz

Dr. *Rudolf Seiters* war von 1989 bis 1991 Bundesminister für besondere Aufgaben, anschließend bis 1993 Bundesinnenminister. Der 1937 in Osnabrück geborene frühere CDU-Politiker bekleidete zudem von 1998 bis 2002 das Amt eines Vizepräsidenten des Deutschen Bundestages. Seit 2003 steht er als Präsident an der Spitze des Deutschen Roten Kreuzes.

Steht das Jahrzehnt der Integration bevor?

Von Rudolf Seiters

Das Jahr 2015 wird in die deutschen Geschichtsbücher eingehen. Es war der Sommer, in denen täglich immer mehr Flüchtlinge die deutsch-österreichische Grenze überquerten, um in Deutschland Schutz vor Krieg und Verfolgung zu suchen oder die sich einfach ein besseres Leben erhofften. In den Spitzenzeiten kamen Tag für Tag 10 000 Menschen neu in Deutschland an. Das entspricht der Größenordnung einer deutschen Kleinstadt. Allerdings mit dem großen Unterschied, dass die Infrastruktur dieser Kleinstadt – Wohnungen, Krankenhäuser, Versorgung – überhaupt nicht vorhanden war.

Es konnte in jenem Sommer durchaus vorkommen, dass, wie in Dresden, die zuständige Landesbehörde Donnerstagnachmittag beim Deutschen Roten Kreuz anfragte, ob das DRK gemeinsam mit dem Technischen Hilfswerk bis Samstag nicht eine Zeltunterkunft für 1500 Flüchtlinge errichten kann. Das Camp wurde dann tatsächlich innerhalb von zwei Tagen aus dem Boden gestampft. Samstagnachmittag konnten 1000 Flüchtlinge auf einem bis dahin unwegsamen Gelände in der sächsischen Hauptstadt unterkommen. Dresden war kein Einzelfall. In der ganzen Republik entstanden provisorische Unterkünfte: in Zeltstädten, Turnhallen, Wohncontainern, ehemaligen Kasernen. Vor allem in der Anfangsphase war Improvisation notwendig, damit die Flüchtlinge nicht auf der Straße standen.

Die Zivilgesellschaft stärken

Es gibt einige Entwicklungen, die seit Beginn der Flüchtlingskrise besonders hervorstechen. Zum einen ist da das unglaublich große ehrenamtliche Engagement: die Unterstützung der Zehntausenden Helfer des Roten Kreuzes, anderer Hilfsorganisationen, der Kirchen, aber auch der vielen spontanen Freiwilligen. Sie arbeiten an der Essensausgabe, in der Kleiderkammer, geben Deutschunterricht, übernehmen Behördengänge und betreuen Kinder. Der Staat allein wäre mit dieser Aufgabe hoffnungslos überfordert.

Ganz neu ist dieses Engagement nicht. Auch bei der Flut 2013 in Ost- und Süddeutschland waren sehr viele ehrenamtliche Helfer im Einsatz, um den Opfern des Hochwassers zu helfen. Aber das spielte sich alles innerhalb weniger Wochen ab. Die Hilfsbereitschaft für Flüchtlinge seit dem Sommer 2015 ging über Monate hinweg und ist geradezu überwältigend: Das gilt für das persönliche Engagement vor Ort in den Notunterkünften ebenso wie für die vielen Sachspenden und auch die finanziellen Spenden.

In dieser Dimension haben wir das vielleicht in der unmittelbaren Nachkriegszeit erlebt, aber bisher nicht in der neueren Geschichte der Bundesrepublik. Es muss noch einmal deutlich gesagt werden: Ohne Zehntausende ehrenamtliche Helfer wäre Deutschland nicht in der Lage gewesen, im Jahr 2015 eine Million Flüchtlinge aufzunehmen. Spätestens nach den sexuellen Übergriffen in der Kölner Silvesternacht 2015 war die Stimmungslage in weiten Teilen der Bevölkerung gegenüber Flüchtlingen kritischer geworden. Das bekamen in ihrem privaten Umfeld auch viele Helfer zu spüren, die zum Teil angefeindet wurden. Auch trafen nach der ersten Welle vermehrt Flüchtlinge in den Notunterkünften mit unrealistischen Erwartungen ein, was Wohnungen oder Autos anbelangt. Das ist zwar nicht die Mehrheit, aber es gehört zur Aufrichtigkeit, das nicht zu verschweigen und unter den Flüchtlingen Aufklärungsarbeit zu leisten.

Obwohl das ganze gesellschaftliche Umfeld also schwieriger wurde, hielt die Bereitschaft zu ehrenamtlichem Engagement auch zum Jahresbeginn 2016 nahezu unvermindert an. Deshalb bin ich zuversichtlich, dass die Zivilgesellschaft in Deutschland gestärkt aus der Flüchtlingskrise hervorgeht. Aus diesem Fundus, aus diesem bürgerschaftlichen Engagement, kann die deutsche Gesellschaft auch bei künftigen Herausforderungen und Notlagen ähnlicher Art schöpfen. Das stimmt mich als Präsident einer Organisation mit rund 400 000 ehrenamtlichen Helfern in ganz Deutschland besonders optimistisch.

Europäische Lösung finden

Es gibt einige Parallelen zu meiner Zeit als Bundesinnenminister Anfang der 1990er Jahre, als die Flüchtlingszahlen aus dem Bürgerkriegsgebiet im ehemaligen Jugoslawien stetig anstiegen. Wir hatten auch damals in Deutschland eine schwierige Situation. Zusätzlich zu den vielen Bürgerkriegsflüchtlingen aus Jugoslawien kamen immer mehr Asylsuchende. 50 000 allein im Jahr 1989, dann 100 000, 200 000. Im Jahr 1992 waren es 440 000. Darüber hinaus gab es innerhalb Deutschlands noch eine erhebliche Binnenwanderung von den neuen in die alten Bundesländer. Aus den ehemaligen Gebieten der Sowjetunion kamen Spätaussiedler. Die wirtschaftlichen Rahmenbedingungen damals waren in den ersten Jahren nach der Wiedervereinigung mit steigenden Arbeitslosenzahlen schwieriger als heute. Ähnlich wie die AfD gewannen die „Republikaner“ damals deutlich an Zuspruch.

Es gibt jedoch einen wichtigen Unterschied zur Situation heute: Wir konnten die Dinge damals durch nationalstaatliche Antworten mit dem Asylkompromiss regeln. Die Politik sendete damit eine ganz wichtige Botschaft in die Bevölkerung hinein: Wir sind uns einig und handeln, so gut wir das unter den gegebenen Umständen überhaupt können. Die Lage ist heute natürlich sehr viel schwieriger, weil wir nicht allein über die EU-Außengrenzen entscheiden können. Wir brauchen deshalb europäische Antworten, und zwar auch im Sinne eines solidarischen Miteinanders.

Die Differenzierung von damals zwischen politisch Verfolgten und Flüchtlingen aus wirtschaftlichen Gründen muss allerdings auch heute vorgenommen werden. Wenn wir uns nicht in erster Linie an unserem Grundrecht auf Asyl orientieren und alle Flüchtlinge irgendwie gleich behandeln, werden wir irgendwann den wirklich Verfolgten die nötige Hilfe nicht mehr bieten können – bei allen nachvollziehbaren Gründen von Menschen, für sich und ihre Familie aus wirtschaftlichen und sozialen Gründen ein besseres Leben organisieren zu wollen. Ich bin froh, heute sagen zu können: Wir haben 1993 das individuelle Grundrecht auf Asyl gesichert und es nicht beschädigt, aber gleichzeitig den Zuzug von Nichtasylberechtigten begrenzt. Das muss das Ziel auch heute sein.

Es müssen andererseits sichere und legale Zugangswege für Schutzsuchende nach Europa geschaffen werden, damit sie nicht die lebensgefährliche Flucht über das Mittelmeer antreten müssen. Wir brauchen in Europa – Stichwort Kontingente – ein faires Verteilsystem. Wir brauchen vor allem eine gemeinsame europäische Gesamtkonzeption. Das gilt sowohl für die Sicherung der EU-Außengrenzen, Absprachen mit der Türkei, Einrichtung von Hotspots, Hilfen für Italien und Griechenland sowie für syrische Flüchtlinge, um die Situation der Menschen in den Herkunftsländern zu verbessern. Dann werden sich weniger Menschen auf den Weg in Richtung Europa machen. Allerdings sehen wir derzeit mehr nationale Egoismen als die notwendige Solidarität, und das ist beschämend und besorgniserregend.

Im Februar 2016 hat allein das DRK rund 480 Notunterkünfte für mehr als 141 000 Flüchtlinge betreut. Der erste Schritt, die Unterbringung der Flüchtlinge, wurde bis Anfang 2016 im Großen und Ganzen einigermaßen gemeistert. Die größere Herausforderung steht uns aber erst noch bevor: Die Menschen, die zu uns kommen und im Rahmen des Asylverfahrens eine Bleibeperspektive haben, brauchen mehr als nur ein Dach überm Kopf, ein Essen morgens mittags und abends oder eine medizinische Versorgung.

Keiner weiß, wie viele Flüchtlinge in ihre Herkunftsländer – freiwillig oder nicht freiwillig – zurückkehren werden. Doch für die nächsten Jahre wird es darauf ankommen, die Asylsuchenden mit Bleibeperspektive erfolgreich in die deutsche Gesellschaft zu integrieren.

Notwendig wäre ein kostenloser Zugang zu Integrationskursen für alle Asylsuchenden von Anfang an. In dem im Februar 2016 vom Bundeskabinett beschlossenen Asylpaket II ist festgelegt worden, dass Asylbewerber für ihre Integrationskurse bezahlen sollen. Man wird im Blick haben müssen, ob sich dies negativ auf die Integration auswirkt.

Es muss alles getan werden, damit die Flüchtlinge rasch die deutsche Sprache lernen und in den Arbeitsmarkt integriert werden können. Aber die Flüchtlinge müssen auch die Bereitschaft zeigen, dass sie sich integrieren wollen. Dazu gehört vor allem die Achtung unserer Werte und unseres Grundgesetzes, selbstverständlich auch die Gleichberechtigung von Mann und Frau. Das müssen wir von jedem Flüchtling einfordern. Die Hilfsbereitschaft ist da, aber es gibt gleichfalls die Erwartungshaltung in der Bevölkerung, dass sich die Menschen, die bei uns leben wollen, um ihre Integration auch selbst bemühen. Das sind zwei Seiten derselben Medaille.

Durch Arbeit integrieren

Angesichts der steigenden Zahlen an weltweit Vertriebenen und Asylsuchenden wird die Zuwanderungsfrage und damit auch das Thema Integration nicht nur in Deutschland für die kommenden Jahre ganz oben auf der politischen Agenda stehen. Letztlich geht es also um einen gesellschaftlichen und politischen Umgang mit

Asylsuchenden, Flüchtlingen und anderen Migrantengruppen, der für alle Beteiligten von Vorteil sein kann.

Dazu gehört neben der schulischen Ausbildung für Kinder und Jugendliche unbedingt auch der Zugang zum deutschen Arbeitsmarkt. Aufgrund der demographischen Entwicklung werden in Deutschland bis 2025 etwa 6,5 Millionen Arbeitskräfte fehlen. Nach Berechnungen des Instituts für Arbeitsmarkt- und Berufsforschung würde ohne Einwanderung die Zahl erwerbsfähiger Menschen in Deutschland bis 2050 um 16 Milionen sinken. Ob ein Flüchtling auf dem deutschen Arbeitsmarkt Fuß fassen oder an schulischen, ausbildungsbezogenen, berufsvorbereitenden und –begleitenden Maßnahmen teilnehmen kann, ist oft mitentscheidend dafür, ob Integration gelingt.

Wir dürfen uns dabei allerdings nichts vormachen: Dies ist ein Prozess, der über Jahre hinweg andauern wird und nicht in jedem Einzelfall wird dieser Versuch auch von Erfolg gekrönt sein. Zu optimistische Erwartungen führen zu Frustration und Enttäuschung auf Seiten der Arbeitgeber und auf Seiten der Asylsuchenden. Nicht jeder Asylsuchende ist beruflich qualifiziert, und es sind eine Reihe bürokratischer Hürden im Rahmen des Asylverfahrens, aber auch im Rahmen des Anerkennungsverfahrens von Qualifikationen zu überwinden.

Die beruflichen Qualifikationen der Asylsuchenden sind sehr unterschiedlich. Repräsentative Daten zu Bildung und Ausbildung liegen noch nicht vor. Nach den Registerdaten des Bundesamtes für Migration und Flüchtlinge gaben 2015 35 Prozent der registrierten Asylbewerber an, eine Hochschule oder ein Gymnasium besucht zu haben, aber acht Prozent haben gar keine und 24 Prozent nur eine Grundschule besucht. Nach den Registerdaten der Bundesagentur für Arbeit haben rund 70 Prozent der Staatsbürger aus den außereuropäischen Asylherkunftsländern keine abgeschlossene Berufsausbildung. Hier gibt es einen großen Nachholbedarf an Bildung und Aus- und Fortbildung.

Für einen Schritt in die richtige Richtung halte ich die im November 2014 beim Arbeitsmarktzugang für Asylsuchende mit Aufenthaltsgenehmigung und Personen mit Duldung in Kraft getretenen Erleichterungen: Die Wartefrist für die Arbeitserlaubnis ist für beide Gruppen von bisher neun bzw. zwölf Monaten auf die ersten drei Monate des Aufenthalts verkürzt worden. Dies gilt allerdings nicht für Asylsuchende in Erstaufnahmeeinrichtungen. Für den Zeitraum der Unterbringung in einer Erstaufnahmeeinrichtung kann keine Arbeitserlaubnis ausgestellt werden. Die mit dem Asylpaket I eingeführte Pflicht, mindestens sechs Monate, teilweise aber auch für das gesamte Asylverfahren, in einer Erstaufnahmeeinrichtung zu verbleiben, stehen der positiven Entwicklung daher entgegen.

Für eine Zustimmung zur Beschäftigungserlaubnis werden zudem grundsätzlich eine Vorrangprüfung und eine Prüfung der Beschäftigungsbedingungen durchgeführt. Die Vorrangprüfung entfällt nun spätestens nach 15-monatigem Aufenthalt. Auch dies halte ich für notwendig und richtig. Denn der unsichere Ausgang der Vorrangprüfung schreckt viele Arbeitgeber davon ab, Asylsuchenden eine Arbeit anzubieten.

Die Anerkennung von beruflichen Qualifikationen ist aufgrund von fehlenden Nachweisen, unterschiedlichen Qualifikationssystemen und der Sprachbarriere sehr schwierig. Sie ist zudem teilweise recht teuer. Die Kosten müssen in der Regel ebenfalls von den Asylsuchenden getragen werden, für viele ist dies jedoch finanziell nicht möglich.

Ich habe vor Kurzem eine Stellungnahme eines bekannten Ökonomen gelesen, der mit Blick auf die damaligen Integrationsbemühungen 1992/93 gesagt hat: Die Eingliederung in den Arbeitsmarkt sei eine historisch einmalige Leistung gewesen, weil damit die Integration funktioniert habe. Und wenn diese Integration in Deutschland in den nächsten Jahren weitgehend funktioniert, dann wird in den Geschichtsbüchern vielleicht einmal nachzulesen sein, dass dies das Jahrzehnt der Integration war.

Aarash Dadfar Spanta, geb. am 5. 6. 1975 in Herat/Afghanistan. Studium der Germanistik und Philosophie an der Universität Bonn und an der Freien Universität Berlin, Schwerpunkte Logik und Sprache und Studium der Rechtswissenschaften an der Freien Universität Berlin.

Grenze und Offenheit

Von Aarash Dadfar Spanta

In der politischen Debatte um den richtigen Umgang mit Flüchtlingen gibt es eine Vielzahl konkurrierender Interessen. Zu Beginn des Flüchtlingsstroms aus den Kriegsländern Syrien, Irak und Afghanistan gab es eine gemeinschaftlich getragene und medial positiv orchestrierte Willkommenskultur. Gleichzeitig wuchs die Furcht um die Funktionsfähigkeit des Staates, sogar rassistische Tendenzen wurden laut. Mitten in dieser Krise ringen wir Deutsche also um die richtige Zuwanderungs- und Integrationspolitik. Was wir erleben, geht aber weit über einen nationalen Diskurs hinaus. Nicht immer erkennbar werden hier Überzeugungen zu außen- und sicherheitspolitischen Fragen mitverhandelt, es geht also um nicht weniger als die Zukunft Europas.

Angefangen hatte es mit der Diskussion um die Neuordnung ehemals diktatorischer Staaten vom Maghreb bis Syrien. Der arabische Frühling wurde durch Volksbewegungen ausgelöst, und wurde dann beflügelt durch politische wie militärische Interventionen westlicher Länder. Nun aber sieht sich Europa durch den ungebremsten Zuzug von Schutzsuchenden unmittelbar mit den fundamentalen Wandlungsprozessen in diesen Ländern konfrontiert. Als Rechtsanwalt und Sohn ehemaliger Flüchtlinge aus einem Kriegsgebiet ergibt sich meine nachfolgende Position, wie mit diesem Phänomen menschlich und juristisch umzugehen ist.

Die Spitze der Regierung der Bundesrepublik Deutschland hat Flüchtlinge in dieser Weltkrise willkommen geheißen und eingeladen. Ob dies ein kalkulierter, vorausschauender Umgang mit der ohnehin nicht aufzuhaltenden Flüchtlingsbewegung war oder ein Akt der Nächstenliebe oder beides, wird kaum noch zu klären sein, es spielt auch keine allzu große Rolle. Jedenfalls hat dies etwas in Gang gesetzt, was der Kern von Politik ist – das Ergebnis einer gesellschaftlichen Auseinandersetzung um ökonomische, nationale und individuelle Interessen.

Recht ist also nicht Natur, auch nicht Menschennatur. Daher sind auch die sogenannten Menschenrechte nicht dem Menschen und der Gesellschaft vorgelagerte Altane für erst noch zu entdeckende, sondern in der Gesellschaft gegen Widerstand durchgesetzte Räume wirklicher Freiheiten. Recht ist regelmäßig ein Kompromiss zwischen Interessen zur Vermeidung von Gewalt und zur Erreichung gemeinsamer Ziele innerhalb einer sozial organisierten Gemeinschaft (Thomas Fischer in Die Zeit vom 29.12.2015, Die Rechtskolumne).

Was heißt das in der Praxis?

Wenn es ein alleinstehender, männlicher Flüchtling unter größten Mühen und erheblichem finanziellen Aufwand schafft, an die Schengengrenze Europas zu gelangen, sind die bekanntermaßen ärmeren Peripheriestaaten der EU laut EU-Gesetz verpflichtet, ihn in ihr Asylverfahren aufzunehmen. Das ist die sogenannte Dublin-Regelung.

Dem Flüchtling gelingt nun aber, nachdem er Demütigungen, Schläge und erkennungsdienstliche Behandlungen durch die Balkanstaaten hinter sich gebracht hat, auch die weitere Flucht in die reicheren, nördlichen Mitgliedstaaten der EU, und die Bundesrepublik nimmt ihn tatsächlich auf, wie die meisten, die es hierherschaffen. In dieser gesellschaftlichen Diskussion geht es jetzt um begrenzte Ressourcen wie Geld, Wohnraum und Schulen, um Toleranz und die kulturelle Aufnahmefähigkeit des Gastlandes. In der juristischen Auseinandersetzung aber geht es auch um die Gestaltung des Europäischen Raums und internationaler Beziehungen, wie wir am Ende miteinander leben werden und wer in dieser Staatengemeinschaft wem gegenüber welche Rechte und Verpflichtungen hat.

Denn, werden die bestehenden Gesetze nicht angewandt und durchgesetzt, gefährden sie am Ende das Gefüge für das sie geschaffen wurden.

Nach wie vor versuchen die Kernländer der EU die Dublin-Verordnung durchzusetzen und Schutzsuchende zurück in die defizitären Asylverfahren der Erstaufnahmeländer zurückzuschieben, sei es, um bestehende Gesetze anzuwenden oder um Druck auf die Flüchtlinge auszuüben und ihre Rückkehr zu erzwingen. Ein, wenn nicht sogar der wichtigste gewünschte Nebeneffekt ist, dass sich die Nachricht der Abweisung schnell bis in die Herkunftsländer verbreitet.

Rechtsanwender, also Rechtsanwälte wie Richter, aber auch die Gesetzgeber selbst ringen in dieser Spannungslage um die richtige Auslegung bestehender Gesetze. Bei der Mehrheit der Rechtsexperten wie auch in der Bevölkerung scheint sich die Meinung durchgesetzt zu haben, dass das Asylverfahren dort durchzuführen ist, wo es zuerst gestellt wurde. So steht es in der Dublin-Verordnung, immerhin ein von allen Teilnehmern verabschiedetes EU-Gesetz. Allerdings gibt es zur Regel immer auch die Ausnahme, auch das gehört zu einem gerechten Rechtssystem. Der oder die Schutzsuchende, heißt es im Gesetzestext, wird nicht abgeschoben, wenn „systemische Mängel“ in den Erstaufnahmeländer herrschen.

In diesem Diskurs versucht nun jede Profession ihren Standpunkt durchzusetzen. Dem Politiker geht es darum, widerstrebende Interessen in Gesetze zu gießen, die Angst der besorgten Bürger beantwortet er etwa mit Zuzugssperren. Den Versuchen der Flüchtlinge, den ärmeren Peripheriestaaten der EU zu entkommen, weil diese ihnen wenig anbieten können, um eine neue Existenz zu gründen, wird mit Subventionen und Auffangzentren begegnet.

Auf der Ebene der Rechtsprechung hat es dazu geführt, dass die Gerichte über einen vergleichbaren Fall gänzlich widersprüchlich entscheiden. Wo in Düsseldorf eine Abschiebung aus humanitären Gründen auf keinen Fall möglich ist, erscheint in Cottbus die Rechtslage klar und einer Abschiebung des Flüchtlings steht dort nichts im Wege.

Tatsächlich entscheiden diese Richter nicht nur über das Schicksal eines Flüchtlings, sondern auch über Europa-Politik. Konkret geht es um die Frage, ob die Behandlung von Schutzsuchenden in Ungarn, in Griechenland, in Italien gut genug ist oder einfach nicht akzeptabel? Europarecht konkurriert hier mit individuellem Grundrecht.

Für die Schutzsuchenden bedeutet dies totale Unwägbarkeit. Sie können mit offenen Armen empfangen werden, mit allen Rechten ausgestattet, die der deutsche Rechtsstaat garantiert, oder in ein europäisches Land abgeschoben werden, in dem Flüchtlinge außer Ausgrenzung und Perspektivlosigkeit nichts zu erwarten haben.

Es scheint sich eine Ausnahmesituation eingestellt zu haben, die keinen Ausgleich im Rechtsgefüge zwischen Gerechtigkeit, Zweckmäßigkeit und Rechtssicherheit zulässt. Die Verwaltungsrichter, die über die Zukunft des oben genannten Flüchtlings zu entscheiden haben, entscheiden letztlich auch über höchst politische Fragen in der Europapolitik. Durch Bestätigung der Abschiebungsentscheidung des Verwaltungsapparates wird Europarecht aufrechterhalten und individuelles Grundrecht hintangestellt. Innerhalb des Verwaltungsapparates ist die Klaviatur der Möglichkeiten selbstverständlich mannigfaltiger als die Dichotomie der Rechtsprechung. In letzterem stehen lediglich richtig und falsch zur Verfügung, wohingegen Ausländerbehörden und das Bundesamt für Flüchtlinge durch Hinauszögern der Entscheidung, des Anhörungstermins, der Nichtvollziehung der Abschiebung und den vielfältigen Stufen des Aufenthaltsstatus, Druck auf unterschiedlichsten Intensitätsebenen ausüben können. Für einen männlichen Flüchtling bedeutet das oftmals, bis zu drei Jahre in einer kafkaesken Situation zu leben. Die medialen und politischen Diskussionen sind neben ihrer tatsächlichen Intention der Willensbildung auch ein Mittel der Einwirkung auf die Migrationsbewegungen. Die Nachricht der zu der Willkommenskultur simultanen Bereitschaft zur Restriktion, soll auch in den Herkunftsstaaten vernommen werden.

In einem der am besten organisierten Länder der Welt ist das Chaos nicht nur durch Unfähigkeit und Überraschung entstanden, sondern wird nunmehr als Mittel instrumentalisiert. Die verschiedensten Ebenen wollen durch ständiges Herumdoktern den Stimmungen in der Bevölkerung, Innenpolitik, der Suspension und Wiedereinführung des Systems von Dublin, Europapolitik, großzügige Anerkennung und restriktive Abschiebung, Innen- und Außenpolitik, gerecht werden.

Geflüchtete werden so zum Spielball, zum bloßen Objekt degradiert. Glücklicherweise steht dem in der Bundesrepublik Deutschland eine große Zahl der Bevölkerung entgegen. Die vielen Menschen, die Geflüchteten in Zuwendung Essen zubereiten, Kleidung und medizinische Versorgung organisieren, stehen dem Staatsapparat und den oben beschriebenen Zuständen entgegen.

Gloria Viagra ist eine der bekanntesten Drag Queens Deutschlands, Königin des Berliner Nachtlebens und unermüdliche politische Aktivistin. Bei ihren Auftritten und DJ-Gigs durch Europa und die Welt prangert sie immer wieder gesellschaftliche Missstände an, weist Zusammenhänge auf und ist immer zur Stelle, wenn es auch um praktische Hilfe geht …! Ihr Motto: Man muss nicht jeden lieben, aber Respekt vor jedem Menschen zeigen; an sich zu arbeiten, statt über andere zu meckern, ist eine schwere Aufgabe und zeugt von Größe.

„Einfach nur frei leben"

Ein Doppel-Interview von Gloria Viagra mit Sahidad aus Syrien und Narwa aus dem Irak.

Was für Zeiten … Da muss man ja schon fast eine Kanzlerin Merkel in Schutz nehmen vor den Attacken einer CSU, die weder den Namen christlich noch sozial im Namen verdient, und die populistischer hetzt als es eine AfD das kann; weil ein sexistischer Mob zu Silvester massiv Frauen bedrängt und bestohlen hat, werden einfach Gesetze gegen(!) Asylsuchende geändert, obwohl bis heute beim Großteil dieser Männer weder Herkunft noch Status geklärt ist … werden bei den nächsten Ausschreitungen bei einem Fußballspiel dann jetzt Ausgangssperren für alle Männer verhängt?

Jede Verhältnismäßigkeit scheint verloren zu gehen … Aber statt mir sollten jetzt endlich die Menschen zu Wort kommen, um die es in diesem Buch geht, also habe ich mich mit zwei geflüchteten Frauen, Sahidad, 31, lesbisch, aus Syrien und Nawra, 19, transsexuell, aus Irak, getroffen (Namen zu deren Schutz geändert).

Gloria Viagra: Was waren deine ersten Erfahrungen in Deutschland?

Sahidad: „Als ich in Berlin ankam, ging ich als erstes zum Landesamt für Gesundheit und Soziales, welches sehr voll und chaotisch war. Nachdem ich tagelang dort auf Hilfe gewartet hatte, wurde ich in ein kleines Dorf namens Friedland geschickt. Das Camp war nicht sehr angenehm. In der ersten Woche nach meiner Ankunft gab es dort nicht mal wirklich Platz für mich. Es war alles sehr unorganisiert, ich verbrachte die erste Woche schlafend, auf dem Boden. Das schwierigste für mich war, dass ich komplett auf mich alleine gestellt war. Ich musste mich wie ein egoistisches Monster verhalten, da niemand auf meiner Seite war um Belästigung zu vermeiden. Ab der zweiten Woche bekam ich dann ein Bett, in einem kleinen Raum, wo ich mit einer vierköpfigen Familie wohnte. Genau wie ich kam die Familie aus Syrien. Vor ihnen musste ich so tun, als wäre ich heterosexuell. Ebenso wie später in Salzgitter, als ich mit drei Frauen ein Zimmer teilte. Dort lebte ich bis ich die Bewilligung meiner Aufenthaltsgenehmigung bekam. Ich erhielt meinen Personalausweis und meinen Pass. Schon vorher stand ich in Kontakt mit dem Lesbisch-Schwulen Verband Deutschland (LSVD), weil ich als lesbische Frau aus Syrien fliehen wollte."

Gloria Viagra: Sie haben also schon bevor sie hier ankamen Asyl über den LSVD beantragen wollen?

Sahidad: „Richtig, weil der Weg von Syrien nach Deutschland ziemlich gefährlich ist. Man sieht es ja, wie viele Menschen dort sterben. Ich wollte nicht sterben, deswegen bin ich schnellstmöglich nach Deutschland gekommen. Ich bin jetzt 31 Jahre alt. Aus der Kultur, aus der ich stamme, werden Frauen eigentlich schon im Alter von nur 18 bis 25 Jahren verheiratet. Deswegen bin ich quasi an einem kritischen Punkt angekommen. Fragen wurden mir gestellt. Eine Single-Frau hat ein schlechtes Ansehen."

Gloria Viagra: Haben Sie Syrien deswegen verlassen, weil sie jetzt diesen kritischen Punkt erreicht hatten, oder wegen des Krieges?

Sahidad: „Eigentlich war beides zusammen der Grund, dass ich fliehen wollte. Ich lebte in Damaskus, der Hauptstadt. Ich hatte ein Leben dort, aber ich musste versteckt halten, dass ich lesbisch bin. Der Krieg begann, und ich muss eigentlich gestehen, dass ich

Glück habe, noch am Leben zu sein, vor allem, da ich die Reise aus Syrien gewagt habe."

Gloria Viagra: Vor dem Krieg, wie war es da? Gab es eine offizielle LGBT-Szene, also Lesbian, Gay, Bisexuell and Transgender-Szene in Damaskus?

Sahidad: „Die LGBT-Menschen aus Damaskus standen kurz vor einem Durchbruch, es war kurz vor dem Punkt, dass sich eine LGBT-Szene gebildet hätte. Es gab natürlich Schwule und Lesben, aber halt ausschließlich hinter verschlossener Tür. Mehrfach haben schwule Männer versucht auf dem gut besuchten Marktplatz Demonstrationen zu starten, um unsere Existenz zu zeigen, aber unglücklicher Weise wurden sie immer von der Polizei aufgehalten. Ein anderes Mal haben wir versucht in einem älteren Stadtteil eine Demonstration zu starten, doch die Einwohner haben sich gegen uns auf den Straßen gesammelt und uns mit den Fäusten geschlagen.

Gloria Viagra: Habt ihr versucht, etwas dagegen zu unternehmen?

Sahidad: Ich und ein paar meiner Freundinnen, wir hatten mal Englische Literatur studiert. Wir waren eine Gruppe aus lesbischen und bisexuellen Frauen, also wollten wir gemeinsam etwas für die LGBT-Community in Syrien tun, da so viele LGBT-Menschen in gewalttätigen Verhältnissen leben. Das war zirka 2007, unser Ziel war es die Menschen aufzuklären, über den Zustand der LGBT-Community.

Ich persönlich weiß, dass ich lesbisch bin, seit meinem fünfzehnten Lebensjahr. Ich dachte nie, dass es noch mehr Menschen wie mich geben könnte. Ich nahm immer an, dass ich die einzige wäre. Wir hatten kein Internet, das gab es erst ab 2002, ich konnte nicht einfach nachgucken."

Von 2002 bis 2011 habe ich alle lesbischen Frauen Syriens kennengelernt, alle. Ich würde sagen, zusammengenommen gibt es nur 25 lesbische Frauen in Syrien. Wir sind manchmal nur in den Libanon gereist, um dort Bars zu besuchen, die Mitglieder der LGBT-Community aufnehmen. Nur um unser Leben zu leben, weil es dort offener ist."

Gloria Viagra: Ich habe gehört, dass die Menschen aus Syrien im Durchschnitt eher aufgeschlossen sind und studiert haben.

Sahidad: „Das Ding ist, vor 2005 war die Mehrheit noch weitaus intoleranter gegenüber der LGBT-Community. Heute wird die Idee schon eher toleriert, als noch vor ein paar Jahren. Ich bin mir sicher, dass die zukünftigen Generationen uns mit ihnen gleichstellen werden. Es ist eine Frage von Erziehung und Schulbildung. Seit 2011 sehe ich schon mehr Zeichen der LGBT-Aktionen.

Auch wenn es nur kleine Zeichen auf der Straße sind, wie Männer, die öffentlich Hände halten. Ich hatte bisher Glück. Ich wurde noch nie angegriffen, von jemandem, der wusste, dass ich lesbisch bin. Ein schwuler Freund von mir wurde mal gekidnappt, für drei Tage. Er wurde geschlagen, er verlor seinen Ausweis und seinen Pass, nur wegen seiner Sexualität. Am Ende hat man ihn im Wald liegen lassen, dass er selber zurück kriechen sollte."

Gloria Viagra: Wie ist die Einreise nach Deutschland für Sie verlaufen? Wollten Sie immer schon nach Deutschland kommen, oder wollten sie wo anders hin?

Sahidad: „Eigentlich wollte ich in meiner Situation einfach nur frei leben können. Egal wohin, Hauptsache ich bin frei. Ich habe über Deutschland nachgelesen, und nur Gutes darüber gehört."

Gloria Viagra: Und wie ist Ihre Reise nach Deutschland verlaufen?

Sahidad: „Es war anstrengend und hat mich emotional aufgewühlt. Trotz meiner Planung im Voraus habe ich einen Monat gebraucht. Ich bin in der Türkei kurz hängen geblieben, und in solchen Ländern muss man sehr auf das eigene Verhalten achten, um nicht Opfer von Belästigung zu werden."

Gloria Viagra: Wie genau sind sie über die Türkei nach Deutschland gekommen?

Sahidad: „Ich versuchte es auf zwei verschiedenen Wegen. Der erste war ein kompletter Reinfall. Wir befanden uns auf einem Gummiboot, und es waren mehr Menschen, als das Boot tragen konnte. Türkische Schmuggler zielten mit ihren Waffen auf uns, und drohten uns zu erschießen, wenn wir nicht auf das Boot steigen würden. Wir weigerten uns, da uns bewusst war, dass das Gummiboot mit uns untergehen würde. Wir wurden gezwungen in das Boot zu steigen. Da wir zu schwer waren sank das Boot ein wenig ab, und der Schiffsmotor schlug gegen die Steine im Wasser und ging dabei kaputt. Wir mussten uns mit Hilfe der Ruder an Board vor den türkischen Schmugglern aus ihrer Reichweite retten. Der zweite Weg, auf dem ich geflüchtet bin, war auf einem Holzboot. Wir waren an die siebzig Menschen, ein komplett volles Schiff. Die Reise war ungefähr sechs Stunden lang."

Gloria Viagra: Was waren Ihre Erwartungen an Deutschland, und sieht die Realität anders aus?

Sahidad: „Erst dachte ich, dass das LaGeSo besser organisiert wäre, da viele Leute auf dem Weg nach Deutschland Familienmitglieder und Geliebte verlieren, und dass es Menschen sind, die besondere Aufmerksamkeit verdient haben. Auch verletzte Flüchtlinge wurden teils nicht gut genug versorgt, bei ihrer Ankunft. Eine andere Erwartung war, dass Deutsche LGBT-Organisationen helfen würden und genau das haben Sie getan. Der LSVD hat mir sehr geholfen, und war die erste Organisation, die mir einen Unterschlupf organisiert hat."

Gloria Viagra: Möchten Sie in Deutschland bleiben, oder würden Sie in Ihre Heimat zurückkehren, wenn der Krieg ein Ende nimmt?

Sahidad: „Ich weiß, dass ich in Syrien nicht öffentlich als lesbische Frau leben kann. Ich müsste dort einen Mann heiraten, so ist es einer lesbischen Freundin von mir passiert. Im Alter von 36 ist sie Teil einer arrangierten Ehe geworden. Mir wäre es genau so ergangen, hätte ich mich nicht rechtzeitig auf die Flucht gemacht. Ich habe meine Mutter auch immer warten gelassen, wenn sie mit mir über die Ehe reden wollte, da ich mich selbst nicht als Ehefrau mit mehreren Kindern sehen konnte."

Gloria Viagra: Wie denken Sie, dass Ihre Familie reagieren würde, wenn Sie ihnen die Wahrheit erzählen?

Sahidad: „Meine Mutter? Sie würde es nicht akzeptieren, und sie ist schon eine eher aufgeschlossene Person. Sie war auch ein großer Fan von Elton John und George Michael, aber als sie erfuhr, dass beide schwul sind, warf sie alle ihre CD's in den Müll. Ich kann es ihr nicht sagen."

Gloria Viagra: Momentan werden Sie ja als Kriegsflüchtling angesehen, würden Sie lieber als LGBT-Flüchtling angesehen werden?

Sahidad: Ich wollte auch als lesbische Frau da sein, aber vor meinem Übersetzter bei den Anhörungen traute ich mich nicht, die Wahrheit zu sagen. Deswegen zähle ich als Kriegsflüchtling. Ich hätte für mich einstehen sollen, das bereue ich schon.

Gloria Viagra: Was sehen Sie Syriens Zukunft im Sinne von LGBT-Präsenz?

Sahidad: „Es wird schwerer werden. Die Gesellschaft stand kurz vor einem Durchbruch. Es wird noch seine Zeit brauchen, bis wir wieder an so einen Punkt kommen werden. Dieser Krieg versetzt Syrien rund zwanzig Jahre in die Vergangenheit. Vor dem Krieg hatten wir kulturelle Ereignisse, welche Syrien zum Rest der Welt hin geöffnet hatte. Das ist jetzt alles nicht mehr. Im Libanon gibt es meines Wissens nach eine offizielle Organisation die LGBT-Menschen hilft. Libanon ist schon weitaus aufgeschlossener als Syrien."

Gloria Viagra: Sind Sie zur jetzigen Zeit in einer Beziehung?

Sahidad: „Nein, noch nicht. Ich fühle mich selbst noch nicht stark genug, um so etwas anzugehen. In Syrien habe ich viele Freundinnen verloren, manche sind geflüchtet, andere wurden von der Regierung verschleppt und ich habe nie wieder etwas von ihnen gehört. Andere Freunde von mir sind schon in Syrien verstorben."

Gloria Viagra: Jetzt, da Sie die Aufenthaltsgenehmigung haben, was müssen Sie jetzt noch tun?

Sahidad: „Ich muss noch ein paar Standard-Prozeduren über mich ergehen lassen. Ich werde noch jemanden im Job-Center treffen müssen, um mich kennenzulernen. Falls es mir zeitlich möglich ist, und es mir erlaubt wird, würde ich gerne einen Job annehmen und arbeiten. Hier gibt es so viele Möglichkeiten für LGBT-Menschen, und weil ich von dem Flüchtlingscamp gehört habe, welches hier bald errichtet werden soll. Dort möchte ich mich als freiwillige Hilfskraft beteiligen. Ich möchte etwas an Deutschland zurückgeben."

Gloria Viagra: Narwa, wie ist Deine Geschichte?

Narwa: „Ich wusste sehr früh, dass ich ein Mädchen seien will. Deshalb wurde ich immer wieder verstoßen. Als ich sechs Jahre alt war war, brachte meine Mutter meinen Vater um. Ich kam mit meinen Geschwistern zu unserem Onkel. Wir mussten uns immer wieder verstecken, weil die Familie meines Vaters Blutrache nehmen wollte. Weil ich mich wie ein Mädchen kleidete, verstießen sie mich mit elf und ich fand Arbeit und Unterkunft in einem Coffee-Shop bis ich meinen ersten Freund mit 13 kennenlernte. Der brachte mich zum Tanz. Aber als er verlangte, ich solle mehr Geld nach Hause bringen floh ich nach Istanbul. Dort lebte ich ein Jahr, konnte tanzen, hatte wunderschöne lange Haare. Ich konnte sogar etwas Geld für meine Geschwister in den Irak schicken. Als mich eines Tages einer meiner Brüder besuchte und sah wie ich lebe als Frau, drohte er mich umzubringen."

Gloria Viagra: Und was passierte dann?

Narwa: „Also floh ich Richtung Deutschland. Nachts auf einem kleinen Boot auf eine griechische Insel und dann weiter. Ich war alleine, sehr alleine. Die arabischen Männer waren so und so zu mir, nur die Moslems schimpften über mich. Aber auf dem Weg gab es auch Polizisten, die hatten einen Button mit „gayfriendly", da bin ich hin und die haben mir geholfen."

Gloria Viagra: Aktuell hast Du gerade Nachricht bekommen, das Verwandte Deines toten Vaters in Berlin auf der Suche nach Dir sind.

Narwa: Ja, deshalb muss ich schnell eine neue Unterkunft finden, möglichst wo nicht so eine große arabische Comunity ist.

Gloria Viagra: Sonst …?

Narwa: Wenn sie mich finden bringen Sie mich um …

Gloria Viagra: Was ist dein größter Wunsch?

Narwa: Ich hätte gerne eine Arbeit als Tänzerin und ich möchte endlich ein zu Hause. Etwas, wo ich lange bleiben kann. Ich bin seit einem halben Jahr in Deutschland und ungefähr 40-mal umgezogen. Ich bin sehr müde. Und ich möchte einen Hund. Ich hätte so gerne einen Hund. Der kann zwar nicht sprechen, aber wenn man in die Augen schaut kann man sich doch unterhalten.

Hans-Diedrich Kreft, geb. 1943 in Hamburg, Dipl. Ing., ist erfolgreicher Erfinderunternehmer. Träger des Bundesverdienstkreuzes, der Rudolf-Diesel-Medaille in Gold und des Innovationspreises der deutschen Wirtschaft sowie weiterer Auszeichnungen.

Geld verdienen mit Bildung – ein Gewinn für die Flüchtlinge und die ganze Gesellschaft.

Von Hans-Diedrich Kreft

Wer sich mit der Flüchtlingsproblematik befasst, weiß, dass sie nicht singulär, sozusagen durch eine gezielte Maßnahme, auf einen Schlag zu beseitigen ist. Der Satz der Bundeskanzlerin „Wir schaffen das!“ mag die Hoffnung auf die Lösung auf einen Schlag wohl ungewollt gestützt haben. Ist die Lösung komplexer, als die Menschen gehofft haben, sind sie enttäuscht.

Um das Flüchtlingsproblem an der Wurzel anzupacken, soll hier ein Vorschlag gemacht werden, der von einer breiten Masse der Bevölkerung getragen werden kann, weil er nicht nur für Flüchtlinge, sondern für uns alle von Vorteil ist.

Wir gehen von einer einfach einzusehenden Tatsache aus: Lernen und wirtschaftlicher Erfolg bedingen sich gegenseitig. Machen wir uns das an einem Beispiel klar. Wer einen Führerschein macht, muss dafür Geld ausgeben. Damit werden Fahrlehrer und Fahrschulen bezahlt. Angebot und Nachfrage sorgen dafür, dass der Führerschein genau dem Marktwert entspricht, der ihm zusteht. Der gesellschaftliche Wert des Führerscheins ist hingegen unermesslich viel höher, weil er Voraussetzung zur Nachfrage von Autos ist und gleichzeitig für die Sicherheit bei der Nutzung dieses gefährlichen Produktes sorgt.

Beim Führerschein liegt der einfache Zusammenhang zwischen Lernerfolg und Wirtschaftsnutzen auf der Hand: Statt sein Einkommen komplett für Konsum auszugeben, gibt der einzelne Fahrschüler einen Teil davon für seinen Lernerfolg aus. Auf eine Volkswirtschaft übertragen heißt das, es wird ein Teil des für Konsum auszugebenden Einkommens der arbeitenden Bevölkerung direkt für ihre Lernleistung zur Verfügung gestellt. Würden wir also – ähnlich wie für Krankenkassen oder Rentenzahlungen – eine Bildungskasse volkswirtschaftlich vorhalten, könnte daraus jeder anerkannte und erfolgreiche Lernabschluss gezahlt werden so zum Beispiel auch für den Führerschein. Der Vorteil dieser Lösung ist, dass niemand von der Erbringung einer Bildungsleistung abgehalten wird. Zugleich bleibt das mittlere Einkommen der Menschen in der Volkswirtschaft unverändert, wenn wir darauf achten, dass die Kosten der Bildungsleistung wie beim Führerschein ihren per Angebot und Nachfrage austarierten Marktwert haben.

Denken wir noch einen Schritt weiter, werden Banken den lernbereiten Bürgern gerne Kredite geben, um ihnen ein auskömmliches Leben während der Lernzeit zu ermöglichen, wenn der Lernerfolg ein späteres Einkommen in der Wirtschaft erkennen lässt. Kurz: Neben dem Arbeitsvertrag bestimmt bei Banken zukünftig auch der Lernerfolg des Einzelnen über seine Kreditwürdigkeit.

Auf Immigranten übertragen hieße das, die Gesellschaft zahlt aus einem Topf die Kosten für Sprach-, Schreib-, Mathe-, Musikkurse, kurz alles, was lernbar ist, nach dem gleichen, ökonomischen Prinzip, wie es auch beim Führerschein möglich wäre. Geben wir derart denen, die es bis zu uns geschafft haben, statt des Sozialhilfe-Almosens einen würdevollen, minimalen Lebensstandard, den sie sich selbst per Lernerfolg erarbeiten können, helfen wir uns und ihnen.

Sind wir zu dieser gesellschaftlichen Innovation bereit, können wir einen Schritt weitergehen und die Europäische Zentralbank (EZB) einbeziehen. Seit 2015 stellt die EZB monatlich Kredite für Banken in Höhe von 60 Milliarden Euro bereit. Das soll bis 2017 aufrechterhalten werden, um den Zinssatz tief zu halten, da andernfalls hoch verschuldete Staaten wie Italien und Frankreich ähnliche Probleme wie Griechenland bekommen. Inzwischen fehlen für diese riesigen Summen den Banken, die die Mittel der EZB in Anspruch nehmen, die realen ökonomischen Projekte, die eine Rückzahlung der Mittel gewährleisten könnten. Die Mittel werden vorrangig für die Bauwirtschaft bereitgestellt und erste Wertpapierprojekte tauchen wieder am Horizont auf. Es bildet sich erneut eine Finanzblase.

Zu all dem könnte die Finanzierung von Bildungsleistung Abhilfe schaffen. Die EZB könnte die Ausbildung von individuellen, lernwilligen Menschen in bestimmen Ländern direkt fördern. Bekommt ein bildungswilliger junger Mensch in seinem Heimatland bei Nachweis seiner Lernerfolge zum Beispiel100 Euro monatlich ausgezahlt, wird der Wohlstand seiner Familie gehoben. Das Geld wird zudem in die Landeswährung getauscht, derart verfügt der betreffende Staat über Devisen der harten Währung Euro und kann dringend benötigte Waren am Weltmarkt kaufen. Das heißt, das bereit gestellte Geld fließt zu einem großen Teil nach Europa zurück. Gleichzeitig wird jungen Menschen durch die Hilfe Europas eine Perspektive in ihren Heimatländern gegeben. Ihr Wunsch zu fliehen wird auch für uns Europäer nur noch in den Ländern akzeptabel sein, in denen Krieg herrscht.

Ein einfaches Rechenbeispiel zeigt, dass die vorstehenden Vorschläge bereits ab 2016 realisiert werden könnten. Angenommen, es werden weltweit 100 Millionen junger Menschen monatlich mit 100 Euro gefördert, entspricht das einem Sechstel von den 60 Milliarden, die die EZB monatlich bis Ende 2017 für undefinierte Projekte Banken zur Verfügung stellt. Diese Mittel würden jungen Menschen gegeben, die im Laufe ihres Berufslebens den Kredit aus ihrem Einkommen zurückzahlen können. Die Regierungen in den Ländern werden gleichzeitig zu einem Minimum an Rechtssicherheit und Demokratie für ihre Bürger angehalten, da andernfalls – für Diktatoren und Despoten – die Zuschüsse entfallen. Es wird sich kaum ein Despot leisten können, seinen Bürgern diese

Mittel aus Europa vorzuenthalten. Auch Kosten für Kriege könnten derart reduziert werden, was neues Geld für die Erbringung von Bildungsleistung schafft.

Aus all dem folgt: Würden wir in ausgewählten Ländern direkt die Lernleistung bildungswilliger Menschen individuell, d.h. durch eine Art Bildungseinkommen vorfinanzieren, würden wir nicht nur für den Wohlstand der Menschen dort vor Ort etwas tun, wir würden auch deren politische Systeme stabilisieren, weil die Herrschenden sich nicht gegen ihre Bürger stellen können, die bezahlte Bildungsleistung in Anspruch nehmen.

All das wäre im Sinne unserer abendländischen Tradition ein Angebot zur Selbsthilfe ohne Almosencharakter, der so oder so unseren bisherigen Zuwendungen anhaftet und aufrechten Menschen das Gefühl der Abhängigkeit vermittelt.

Wer aus einem bildungsgeförderten Land kommt, wird als Immigrant in Europa abgewiesen. Staaten, die Krieg führen, wird das Programm gestrichen. Für Flüchtlinge aus diesen Ländern kann die Bildungsfinanzierung im Schutz eines europäischen Landes greifen, womit für die Zukunft des per Krieg zerstörten Landes Bildung als wichtigstes Aufbaugut durch Europa bereitgestellt wird.

Hinzu kommt, dass ein Lernzuschuss von 100 Euro pro Monat in einem Entwicklungsland, also vor Ort wesentlich wertvoller ist, als vielleicht 800 Euro, die wir ausgeben müssten, wenn ein Flüchtling eine Ausbildung in Europa genießt. Dass mit all dem den kinderreichen Familien in besonderer Weise geholfen wird, dass junge, ansonsten benachteiligte Mädchen ebenfalls hiervon profitieren, sei nur am Rande erwähnt.

Kurz, diese Zusammenhänge zeigen uns, dass wir nicht irgendwann Geld für Zäune gegen Flüchtlinge ausgeben müssen, um unseren vermeintlichen Wohlstand zu schützen, wir können mit bezahlter Bildungsleistung mehr erreichen und bleiben unseren abendländischen, humanen Verpflichtungen treu.

Gehen wir doch einfach mal kreativ vor. Geben wir einen Teil der riesigen Summe, die die EZB zur Stabilisierung eines kranken Systems ausgibt und zusätzlich einen Teil der Summe, die wir in unseren Haushalten nun ohnehin für Flüchtlinge ausgeben müssen, für die Lernleistung von Flüchtlingen aus und schauen mal, was passiert.

Wozu wir für Immigranten bereit sind, sollten wir über kurz oder lang auch unserer eigenen Bevölkerung in Europa zu Gute kommen lassen.

In einer funktionierenden Marktwirtschaft wäre die Höhe des Bildungsgehalt, über Tarifverhandlungen mit dem gesamtgesellschaftlichen Erfolg verknüpft. Das ist vergleichbar mit den Tarifverhandlungen, wie sie sich für die Höhe des Arbeitsgehaltes bewährt haben. Das Bildungsgehalt stellt also eine Umlage des marktwirtschaftlichen Einkommenserfolges auf größere Teile der leistenden Bevölkerung dar. Das ist soziale Marktwirtschaft pur. Unsere so erfolgreiche Marktwirtschaft würde erneut fortentwickelt, dazu ist sie bereit, wir müssen es nur wollen.

Hier sind nur einige der vielen Argumente, die für die Einführung eines Bildungseinkommens auch in Europa sprechen:

- Es gibt zum Einkommen aus Arbeitsleitung die Alternative Einkommen aus Bildungsleistung, womit Arbeitslosigkeit auf einen Schlag beseitigt ist, weil jeder Mensch frei zwischen dem Einkommen aus Arbeitsleistung oder dem aus Bildungsleistung wählen kann.
- Jugendliche haben eine individuell zu gestaltende Perspektive, weil sie sich für die bezahlten Bildungsgänge frei entscheiden können, die ihnen individuell liegen.
- Gerade kinderreiche Familien profitieren besonders von einem Bildungsgehalt, wenn jedes Kind vom vierzehnten Lebensjahr ab bezahlte Bildungskurse belegen kann.

- Auch die kulturellen Leistungen, die in bisherigen Marktwirtschaften unterbewertet oder nicht bewertet wurden, partizipieren vom Ausgleich der Bewertung zwischen Arbeitsleistung und Bildungsleistung, weil auch Schauspielunterricht oder das Schreiben von Romanen oder Theaterstücken einen Wert darstellt, der sich zum Beispiel für einen Komponisten in seinem realisierten Bildungseinkommen niederschlägt.
- Sozialhilfe kann entfallen, weil sich jeder selbst helfen kann und wer es nicht kann, wird sich auf unsere soziale Hilfe für die Hilflosen verlassen können, die eine an christlichen Maximen ausgerichtete Gesellschaft bieten wird und muss.
- Die Staaten müssen sich nicht weiter verschulden, um die ansteigenden Sozialleistungen zu finanzieren, die durch eine grassierende Massenarbeitslosigkeit zunehmend erforderlich wird.

Wenigsten in Kürze soll auf den besonderen Effekt des inneren Wachstums in einer Gesellschaft hingewiesen werden, die ein Bildungseinkommen gewährt.

Angenommen, es werden von den Bildungswilligen einer Gesellschaft viele bezahlte Kurse belegt, um das Spielen von Musikinstrumenten zu erlernen, dann werden Musikinstrumente fertigende Firmen mehr hochwertige Musikinstrumente herstellen müssen, als es in einer Gesellschaft der Fall ist, in der weniger Menschen Musikinstrumente z. B. in geselliger Runde bedienen können. Je hochwertiger die nachgefragten Kurse, desto hochwertiger müssen die Musikinstrumente sein, das heißt billige Massenware tut es nicht mehr.

Übertragen wir dies Beispiel auf die vielen anderen Bereiche, in denen sich Menschen bilden bzw. fortbilden können, stellt sich automatisch das sogenannte innere Wohlstandswachstum ein. Die besonders ausgeprägte Fähigkeit der Industrie, vergleichbare

Produkte in Masse zu produzieren, reicht nicht mehr aus, um die Nachfrage gebildeter Menschen zufrieden zu stellen. Das stärkt den Mittelstand und fördert ein diversifiziertes Wachstum, das im Binnenmarkt durch die eigene Bevölkerung verursacht wird, und als inneres Wachstum zu klassifizieren ist. Ist der Markt hingegen durch Menge zu befriedigen, handelt es sich um ein äußeres (Mengen-) Wachstum.

Ökonomen wissen, dass ein mittleres Einkommenswachstum von drei Prozent erforderlich ist, wenn wir in unseren modernen Gesellschaften unsere Staatsschulden in den nächsten 50 Jahren zurückzahlen wollen und keine Einbußen für unseren Lebensstandard hingenommen werden sollen. Jeder Ökonom weiß, dass drei Prozent Mengenwachstum etwa der vierfachen Menge an Autos auf unseren Straßen, der vierfachen Menge an getragener Kleidung oder der vierfachen Menge an Wasserverbrauch entsprechen würde, wenn es kein inneres Wachstum gibt. Es ist völlig ausgeschlossen, dass wir derartige Ergebnisse umwelt- und ressourcenmäßig schaffen können. Es hat jedenfalls in der Vergangenheit noch nie eine genügend lange Periode gegeben, in denen die Schulden aus einem realen Wachstum zurückgezahlt wurden. Zumeist wurde Schuldenreduktion über Inflation erreicht, das heißt, die Masse der Menschen bezahlt die Schulden durch Kaufkrafteinbußen, das heißt nichts anderes als Einkommensverlust.

Kurz, solange unseren Volkswirtschaften das Regulativ des Bildungseinkommens fehlt, bleiben sie unvollständig. Die Flüchtlingskrise ist die Chance, um einen neuen, innovativen Weg für unsere Gesellschaften und ihre ökonomischen Systeme einzuschlagen.

Wir Europäer dürfen und müssen den ersten Schritt tun, um der Weltgemeinschaft ein fortentwickeltes Gesellschaftssystem zu bieten, in dem sich soziale Marktwirtschaft und Bildungsleistung gegenseitig stützen.

Dr. *Wieland Holfelder* ist seit 2008 bei Google Germany GmbH als Leiter des Google Entwicklungszentrums in München tätig. Vor Google war er für Mercedes-Benz Research and Technology North America, Inc. in Silicon Valley tätig, zuletzt als Vice-President & Chief Technology Officer. Nach seinem Studium der Wirtschaftsinformatik an der Uni Mannheim arbeitete er im Rahmen seiner Doktorarbeit im Bereich Informatik zunächst bei IBM in Heidelberg und dann am International Computer Science Institute in Berkeley, CA.

Verantwortung übernehmen

Von Wieland Holfelder

Nach einem turbulenten, aber sehr erfolgreichen Tag, war ich auf dem Rückweg von Berlin nach München. Es hatte mal wieder diese ein, zwei Minuten erzwungenes Nichtstun gebraucht, beim Warten vor der Sicherheitskontrolle am Flughafen, um mich an diesen Moment zu erinnern, der mich gleich wieder zum Lächeln brachte.

Wir waren an diesem Tag im ehemaligen Rathaus Berlin-Wilmersdorf zu Gast, in dem der Arbeiter-Samariter-Bund nun eine Flüchtlingsunterkunft betreibt. Unsere Pressekonferenz, auf der wir Project Reconnect vorgestellt hatten, war gerade vorbei und es wurde abgebaut. Ein vielleicht achtjähriges Mädchen aus Syrien und ihr kleiner Bruder hatten sich aus dem Klebeband, mit dem vorher noch die Kabel am Boden gesichert wurden, einen Fußball gebastelt und mit meinem Kollegen David etwas herumgekickt. „Ihr versteht Euch?“, fragte ich David. „Natürlich verstehen wir uns, ist doch klar“, sagte er. „Ich spreche Arabisch, ich bin ja im Libanon aufgewachsen.“ Die drei kickten den improvisierten Fußball munter weiter hin und her und hatten viel Spass dabei. Später stand ich mit dem Mädchen und dem Jungen an den Resten der Obstkörbe, die vorher für die Gäste bereitgestellt wurden und wir übten Deutsch: Banane, Orange, Apfel. Die Kinder kannten diese Begriffe alle schon, obwohl sie erst vor kurzem hier angekommen waren und ich konnte sehen, wie stolz sie waren. Als wir allerdings bei der Physalis ankamen, und sie mich erwartungsvoll und mit großen Augen anschauten, fiel mir der Name partout nicht ein und ich musste erst kurz bei Google nachschauen. Da haben die Kinder gelacht!

Jetzt, einige Stunden später am Flughafen, war ich so dankbar für diese Momente: Hier, mein Kollege und ich, die wir täglich an den neuesten Technologien arbeiten, und dort die Kinder, die mit fast nichts gerade in Deutschland angekommen sind und für deren Zukunftschancen auch wir in unserem Land nun Verantwortung übernehmen.

Ich war nun an der Reihe an der Sicherheitskontrolle, der Gedanke an die kleine Begebenheit ging mir nur kurz durch den Kopf. Aber ich fühlte mich nach diesem Tag in Berlin-Wilmersdorf doch bestätigt: Wir haben hier das Richtige getan – und wir müssen am Ball bleiben.

David war wie viele von Anfang an mit Enthusiasmus dabei. Es war im Spätsommer 2015. Und es ändert etwas in einem, wenn man mehr oder weniger direkt vor der Tür jeden Tag die großen Gruppen neu ankommender Menschen auf dem Münchener Hauptbahnhof sieht. Nicht nur David, sondern viele Kolleginnen und Kollegen fingen an zu überlegen, was wir als Googler tun könnten, um zu helfen. Allen war ziemlich schnell klar: Diese Flüchtlingskrise in Europa ist die größte humanitäre Herausforderung unserer Zeit. Millionen von Menschen sind auf der Flucht auf der Suche nach Sicherheit und Schutz, nachdem sie dazu gezwungen wurden, ihr Zuhause zu verlassen. Auch wir müssen uns etwas Neues überlegen.

Seit Jahren stehen dutzende Kollegen an Google-Standorten weltweit freiwillig auf stand-by, um bei akuten humanitären Katastrophen Hilfsorganisationen zu unterstützen. Wir nennen das intern das „Crisis Response Team". So etwa zuletzt in Nepal, beim schrecklichen Erdbeben dort. Der schnelle Aufbau einer Notversorgung mit Internetzugängen, die Bereitstellung von Tools für Helfer zur Koordination ihrer Einsätze – darin haben wir Erfahrung. Die Frage war: Wie können wir bei diesem Generationenprojekt, der Integration von hunderttausenden von Flüchtlingen, helfen?

Viele Flüchtlinge benötigen Sprachkenntnisse und Aus- oder Weiterbildungen, um sich in den deutschen Arbeitsmarkt einbringen zu können. Sie müssen unsere Kultur kennenlernen, sich Perspektiven schaffen und Freunde finden. Alles Dinge, die unerlässlich sind, um sich als Teil der Gesellschaft fühlen zu können und das Leben hier lebenswert zu machen.

Kinder und Studenten möchten ihre teilweise unterbrochene Ausbildung fortsetzen, denn wie schon ein chinesisches Sprichwort lehrt: „Lernen ist wie Rudern gegen den Strom – wer aufhört, treibt zurück." Wenn die Menschen, von denen viele vor unterdrückerischen Regimes geflohen sind, monate- oder jahrelang auf Bildung verzichten müssten, würde sie dies an den Rand der Gesellschaft drängen, ohne dass sie etwas dafür können.

So ist auch eines der Ziele für nachhaltige Entwicklung, die seitens der UN formuliert wurden, den Zugang zu hochwertiger Bildung für alle Kinder zu gewährleisten. Doch dies ist einfacher gesagt als getan. Bildung kostet nicht nur Geld, sondern erfordert auch Lehrkräfte, Ausstattung, Programme und den Zugang zu Informationen. Uns wurde klar, welche große und positive Rolle das Internet und Technologie in dieser Krise spielen können, wenn sie genau für den Zweck eingebunden werden, den Zugang zu Informationen und Bildungsangeboten zu ermöglichen.

Im Spätsommer 2015 haben wir festgestellt, dass sich die Anfragen an unseren Übersetzungsdienst Google-Übersetzer vom Arabischen ins Deutsche im Vergleich zum Vorjahr verfünffacht haben. Diese Zahlen zeigen auf, wie wichtig schnell und einfach verfügbare, technologiebasierte Werkzeuge sind, um Hürden im Alltag zu überwinden. Aber sie zeigen auch, wie selbstverständlich diese Werkzeuge bereits eingesetzt werden, wenn der Zugang zu ihnen vorhanden ist. Unserem Aufruf im September folgend haben sich zahlreiche Nutzer der Google Translate Community daran beteiligt, die Qualität der Übersetzungen weiter zu verbessern. Diese Erfahrung brachte uns zu der Frage: Wie können wir mithilfe unserer Technologien noch mehr dazu beitragen, Flüchtlinge und Helfer zu unterstützen?

In unserem Münchner Entwicklungszentrum arbeiten wir an vielen zukünftigen Technologien, darunter auch eine spezielle Software, mit der unter anderem Chromebooks – sichere, einfach zu bedienende, webbasierte Laptops – zentral verwaltet werden können. Diese Software wird zum Beispiel von Unternehmen, öffentlichen Einrichtungen aber vor allem auch von Schulen, Bildungseinrichtungen und Universitäten eingesetzt, um Chrome-Geräte ihrer Organisation an einem zentralen Ort zu verwalten. Die benötigte Computer-Expertise direkt vor Ort wird durch das zentrale Management minimiert und macht es oft erst möglich, größere Installationen in hunderten Klassenräumen zu beherrschen. Und weil wir täglich mit und an diesem Produkt arbeiten, das weltweit bereits millionenfach erfolgreich eingesetzt wird, sind wir auf die Idee gekommen, diese Kombination von Chromebooks und Chrome-Geräteverwaltung in der Flüchtlingskrise nutzbringend einzusetzen, indem wir sie Hilfsorganisationen zur Verfügung stellen.

Das war sozusagen der Beginn eines Pilotprojektes des Münchner Google-Teams, das im Oktober letzten Jahres unterstützt durch viele Freiwillige an den Start ging und in dem wir erste positive Erfahrungen mit Chromebooks und der Chrome-Geräteverwaltung im Rahmen der Flüchtlingshilfe sammeln konnten. Wir haben diese Idee und das Pilotprojekt intern im Unternehmen vorgestellt, wo es als sehr positiv befunden wurde und in nur wenigen Tagen bekamen wir die Zusage aus Kalifornien, dieses Pilotprojekt über den philanthropischen Arm des Unternehmens, Google.org, hier in Deutschland deutlich größer machen zu können. Project Reconnect war geboren. Und so konnten wir das Projekt im Januar 2016 bei der Pressekonferenz in Berlin-Wilmersdorf gemeinsam mit der Deutschen Telekom, dem Arbeiter-Samariter-Bund und der gemeinnützigen Organisation NetHope vorstellen.

Google.org hat für Project Reconnect (reconnect.nethope.org) fünf Millionen US-Dollar (etwa 4,3 Millionen Euro) an NetHope gespendet. NetHope konnte mit dieser Spende 25 000 Chromebooks erwerben mit dem Ziel, diese Geräte gemeinnützigen Organisationen zur Verfügung zu stellen, die sich mit der Flüchtlingshilfe beschäftigen. Auf diesem Weg soll möglichst vielen Flüchtlingen und Asylsuchenden der Zugang zum Internet und zu webbasierten Lerninhalten ermöglicht werden.

Das Projekt hat zwei Ziele: Zum einen soll Einzelpersonen und Familien die Möglichkeit gegeben werden, den Kontakt zu geliebten Menschen, die sie zurücklassen mussten oder von denen sie getrennt wurden, aufrechtzuerhalten. Zum anderen bieten diese Ressourcen den Menschen die Chance, in ihrem neuen Leben einen Schritt weiter zu gehen – sei es dadurch, die Sprache zu erlernen, sich Qualifikationen anzueignen, die den Zugang zum Arbeitsmarkt erleichtern, nach Hilfe und Unterstützung zu suchen, sich auf einen Abschluss vorzubereiten oder eine Ausbildung fortzuführen, die abgebrochen werden musste. Wir sind überzeugt davon, dass der Zugang zum Internet bei all dem helfen kann.

Unser Aufruf an gemeinnützige Organisationen, die im Bereich Flüchtlingshilfe in Deutschland aktiv sind, NetHope zu kontaktieren und sich im Rahmen des Projekts Reconnect um die Ausstattung mit Chromebooks zu bewerben, stieß bereits auf sehr großes Interesse. Aber unsere Arbeit geht jetzt eigentlich erst richtig los. Wir freuen uns darauf, dass die Chromebooks bald erfolgreich verteilt und installiert wurden und die Flüchtlinge wirklich damit arbeiten können. Zusammen mit Partnern aus dem öffentlichen und privaten Sektor sind wir zudem dabei, das Projekt durch die Bereitstellung von Online-Inhalten wie Lernsoftware, Sprachkurse, Bildungsprogramme, etc. weiter zu unterstützen.

Viele Hilfsorganisationen und Freiwillige haben in dieser Krise bereits unglaubliche Arbeit geleistet, häufig unter sehr schwierigen Bedingungen. Sie sind es, die über die Fähigkeiten und Kontakte verfügen, die jetzt vor Ort benötigt werden, um die Intensität der Krise über die Zeit abzuschwächen. Als Technologieunternehmen hoffen wir, mit dem Project Reconnect einen Beitrag dazu leisten zu können, diese Bemühungen zu unterstützen. Der Zugang zu Online-Informationen trägt wesentlich dazu bei, Perspektiven zu schaffen und den Flüchtlingen eine gleichberechtigte Teilhabe am gesellschaftlichen Leben zu ermöglichen.

So wie die Integration der Menschen, die neu in unserem Land angekommen sind, ein langfristiges Projekt ist, wollen wir auch Project Reconnect nachhaltig begleiten. Nicht nur David und ich, sondern viele unserer Kolleginnen und Kollegen sind gern weiterhin dabei.

„Wenn die Menschen, von denen viele vor unterdrückerischen Regimes geflohen sind, monate- oder jahrelang auf Bildung verzichten müssten, würden sie dies an den Rand der Gesellschaft drängen, ohne dass sie etwas dafür können.“

Wieland Holfelder

Till Dunckel ist 41 Jahre alt und promovierter Rechtsanwalt. Als Partner der Medienkanzlei NESSELHAUF Rechtsanwälte berät er Unternehmen und Privatpersonen beim Schutz vor Medienkrisen und Rechtsverletzungen.

Moral, Kultur, Recht und die vielen Einzel-Krisen der Flüchtlinge

Von Till Dunckel

Das Wort „Flüchtlingskrise“ ist irreführend. Natürlich ist die Aufnahme, Versorgung, Unterbringung und Verwaltung von Hunderttausenden, von Millionen, die um Schutz und Zuflucht bitten, eine gewaltige Herausforderung für Staat und Bürger. „Flüchtlingskrise“ verstellt jedoch den Blick auf die eigentlichen Krisen, um die es hier geht: die Schicksale der Menschen, die, zerrieben zwischen wahnsinnigen Gotteskriegern, einer ekelhaft gewaltenthemmten Staatsgewalt und ihren allseitigen Unterstützern, Familie, Freunde, Arbeit, Wohnung, Besitztum, Heimat und Perspektive zurücklassen, um ihr bloßes Überleben zu retten. Der Umgang mit diesen Millionen Krisen ist die von Staat und Gesellschaft zu bewältigende Herausforderung.

Moral. Wenn es um das Überleben von Menschen geht, muss die Moral Ausgangspunkt aller Überlegungen sein: Wie soll ein an humanistischen, christlichen Werten ausgerichteter Staat reagieren, wenn vor seinen Grenzen Frauen, Kinder, Männer stehen und um Schutz vor Fassbomben, Giftgas und Glaubenskriegern betteln? Kann es überhaupt eine andere moralisch richtige Antwort geben als ihnen zumindest vorübergehend den Zugang zu sicheren Schutzräumen zu gewähren? Wenn man diese Frage (wie ich) mit „nein“ beantwortet, muss man auch anerkennen, dass Flüchtlinge nicht abgewiesen werden dürfen, ohne ihnen ihr Überleben sichernde Alternativen anzubieten.

Kultur. Natürlich stehen dieser moralischen Pflicht erhebliche und in weiten Teilen der Gesellschaft verbreitete Sorgen gegenüber. Dies gilt für Befürchtung, die Aufnahme derart vieler Menschen aus sehr unterschiedlichen Kulturkreisen könne zur Verdrängung einer (wie auch immer gearteten) deutschen Kultur führen, ebenso wie für die Furcht vor zunehmender Kriminalität infolge kultureller Unterschiede, sozialer Not oder psychischen Belastungen.

Die Fähigkeit, derartige Sorgen und Bedenken zu äußern und im offenen Austausch von Meinungen, Argumenten und Vorschlägen eine mehrheitsfähige Lösung zu finden, dürfte den wohl wichtigsten Wert unserer freiheitlich demokratischen Gesellschaft ausmachen. Ausgerechnet diese Fähigkeit ist in der allgemeinen Aufgeregtheit der vergangenen Monate ins Stolpern geraten. Anstelle von Debatten über dringende Sachfragen (Welche Herkunftsstaaten sollen als hinreichend sicher gelten? Sollen Flüchtlinge dauerhaft in unsere Gesellschaft integriert oder lediglich vorübergehend untergebracht werden? Wie soll ein kontrollierter Zugang in das Bundesgebiet organisiert werden? Wie kann international eine ausgewogenere Verteilung der Flüchtlinge durchgesetzt werden? Welche Konsequenzen sollen von Flüchtlingen begangene Regelverstöße haben?) konzentrieren sich wesentliche Teile der öffentlichen Diskussionen auf abstrakte Überspitzungen, die für die Bewältigung der aktuellen Herausforderung schlicht unerheblich sind. Weder Diskussionen über Ausfälligkeiten einzelner politischer Gruppen noch das Anprangern von Bürgern, die den ihnen zustehenden Rechtsschutz gegen benachbarte Flüchtlingsheime beanspruchen, geschweige denn Meta-Debatten über angebliche Meinungskartelle in öffentlichen Medien werden uns dem Ziel einer angemessenen Lösung auch nur einen Meter näher bringen.

Gerade in Zeiten, in denen die öffentliche Diskussionskultur in erheblichem Maße auch über Social-Media-Dienste geprägt wird, die sich wie weltumspannende Kneipentische auf Quantität (positiv) und Qualität (negativ) der Debatten auswirken, wäre es die dringliche Aufgabe redaktioneller Medien, mehr als bislang das öffentliche Augenmerk auf die entscheidungserheblichen Themen zu lenken.

Recht. Während moralische Fragen notwendigerweise nur individuell beantwortet werden können, also unterschiedlich sind, und sich eine zielführende öffentliche Streitkultur schwerlich verordnen lässt, ist das Recht, also die gesamte in und für Deutschland geltende Rechtsordnung, das unseren Staat und unsere Gesellschaft tragende Rückgrat. Aus guten Gründen wird daher von allen hier lebenden Menschen, egal ob sie in Deutschland geboren oder zugewandert sind oder nur vorübergehend Schutz suchen, erwartet, dass sie unsere freiheitlich demokratische Grundordnung uneingeschränkt akzeptieren.

Doch wenn der Staat auch nur den Eindruck erweckt, für ihn gelte das Recht nur relativ, soweit es sich mit den von der Regierung definierten moralischen und politischen Zielen im Einklang befindet, riskiert er, dieses Rückgrat zu verlieren. Dieser Eindruck wurde in den vergangenen Monaten viel zu häufig erweckt: Nicht erst seit ehemalige Bundesverfassungsrichter der Bundesregierung den Bruch des Verfassungsrechtes vorwerfen (Udo Di Fabio) oder eine zuvor nie dagewesene Kluft zwischen Recht und Wirklichkeit in der rechtsstaatlichen Ordnung der Bundesrepublik feststellen (Hans-Jürgen Papier), sondern schon die für jedermann ersichtliche Tatsache, dass der Zustrom von Flüchtlingen von außerhalb Europas bis nach Deutschland mit Duldung der Regierung ohne jede wirksame verwaltungsmäßige Kontrolle erfolgt, erschüttert das öffentliche Vertrauen in unseren Staat massiv.

Für die Bewältigung der mit den Flüchtlingsströmen verbundenen Herausforderung ist es daher unumgänglich, dem Verhalten des Staates durch den Bundestag eine umfassende belastbare demokratische Legitimation zu geben. In Anbetracht der Tragweite der aktuellen Herausforderungen kann es kaum genügen, an einzelnen Stellschrauben des Asylgesetzes (wie der Herabsetzung der eine Ausweisung rechtfertigenden Strafbarkeitsgrenze) zu drehen, erforderlich ist vielmehr eine zusammenhängende parlamentarische Meinungsbildung über Flüchtlinge, Asyl und Einwanderung. Nur diese Debatte könnte in demokratisch gebotener Weise beantworten, unter welchen Voraussetzungen, auf wessen Kosten und für welche Dauer Flüchtlinge aufgenommen, untergebracht und integriert werden sollen, wie die (in einem Rechtsstaat unumgängliche) verwaltungsmäßige Kontrolle geschehen kann und unter welchen Voraussetzungen die Einwanderung darüber hinaus auch unabhängig von Flucht und Asyl gewünscht und gefördert werden soll.

Eine im Parlament beginnende und in die Gesellschaft getragene zusammenhängende Debatte über diese zusammenhängenden Fragen würde zudem erheblich dazu beitragen, dass sich das öffentliche Augenmerk auf die tatsächlich zu beantwortenden Sachfragen richtet. Die parlamentarische Debatte würde darüber hinaus jeden Eindruck eines vermeintlich übergesetzlichen Handels durch die Regierung beseitigen, das allgemeine Vertrauen in das Funktionieren des Rechtsstaats bekräftigen und den Zulauf zu Parteien bremsen, die Rechtsstaatlichkeit mit Rechtsextremismus vermengen. Und schließlich wäre ohnehin nur eine vom Parlament ausgehende gesetzliche Regelung geeignet, in demokratisch repräsentativer Weise wiederzugeben, welche Antwort die Gesellschaft auf die den Anfang aller Überlegungen bildenden moralischen Fragen gefunden hat.

„Wenn es um das Überleben von Menschen geht, muss die Moral Ausgangspunkt aller Überlegungen sein: Wie soll ein an humanistischen, christlichen Werten ausgerichteter Staat reagieren, wenn vor seinen Grenzen Frauen, Kinder, Männer stehen und um Schutz vor Fassbomben, Giftgas und Glaubenskriegern betteln? Kann es überhaupt eine andere moralisch richtige Antwort geben als ihnen zumindest vorübergehend den Zugang zu sicheren Schutzräumen zu gewähren?"

Till Dunckel

Patrick Khatami wurde 1977 als Sohn eines iranischen Vaters und einer deutschen Mutter in Saarbrücken geboren. Nach einer Ausbildung zum Schauspieler spielte er in Fernsehserien wie „Der Kriminalist“ sowie in zahlreichen Theaterstücken unter anderem in Berlin, Darmstadt, München, Düsseldorf und Pforzheim mit. Khatami lebt in Berlin.

Das Schweigen ist gebrochen

Von Patrick Khatami

Die gegenwärtige Debatte nehme ich zunächst einmal vor meinem eigenen Hintergrund wahr, der gerne „Migrationshintergrund“ genannt wird und ein Teil von mir ist. Mein Vater ist aus dem Iran in den 50er Jahren hierhergekommen und meine Mutter ist Deutsche. Ich selbst sehe mich als Teil der Gesellschaft an, was wiederum von Teilen der Gesellschaft erst einmal nicht so geteilt wird. Vielleicht liegt es an meinem Nachnamen – „Khatami“ – der schon nach den ersten beiden Buchstaben signalisiert: nicht deutsch. Dazu sehe ich noch orientalisch aus.

Ein bisschen verwirrend bin ich scheinbar schon, für den einen oder anderen. Gerade wenn ich unterwegs bin, also von Berlin aus, wo ich wohne, losfahre in die ländlichen Regionen von Mecklenburg-Vorpommern, Brandenburg und Sachsen. Ich werde dort oft gefragt, warum ich so gut deutsch spreche – woraufhin ich das deutsch sprechen einstelle, weil ich so verdutzt bin. Ich werde aus meinem eigenen Selbstverständnis herausgerissen, dazuzugehören. Ich lächle dann höflich. Denn der iranische Teil meiner Mischung hat viel mit Lächeln und Höflichkeitsformen zu tun.

Manchmal erschreckt es mich zu sehen, auf welchem Stand wir beim Thema Integration von Ausländern sind. Erstaunlich, dass Angela Merkel im Herbst 2015 klarstellen musste, dass wir uns daran gewöhnen müssen, dass es Menschen in Deutschland gibt, die Deutsche sind aber, nicht wie Deutsche aussehen. Das klingt für mich, wie völlig aus der Zeit gefallen. Ähnlich der Abschaffung des sogenannten Homosexuellen-Paragrafen 175 im Jahr 1994 oder der Einführung des Frauenwahlrechts 1918.

Also endlich ist das auch mal gesagt, dass Menschen, die so aussehen wie ich auch Deutsche sein können. Bei aller Verwunderung über den Stand der Dinge, habe ich mich dazu durchgerungen, es gut zu finden, dass jetzt überall über Integration diskutiert wird. Dadurch werden Hemmschwellen abgebaut, wenn es um Themen geht, die mit Ausländern und Integration zu tun haben. Für viele scheint das neu zu sein und manchen wundert: ja, man darf sich über diese Themen äußern. Und das, ohne automatisch als „rechts" zu gelten. Das Schweigen ist gebrochen. Viele kommen dabei in einen regelrechten Meinungs-Stress. Aus manchen poltert jetzt massenhaft Rohmaterial heraus, auch aus einigen, von denen man bei anderen Themen einen feineren Stil gewohnt ist. Jetzt muss scheinbar alles raus, was immer schon mal gesagt werden wollte. Als gäbe es nur noch ein kleines Zeitfenster, bevor es wieder tabuisiert würde.

Auch wenn vieles unausgegoren ist, besser so als gar nicht, denke ich dann. Alternative kann jedenfalls nicht sein, dass weiterhin Themen, die mit „Ausländer …" anfangen, potentielle Tabuthemen sind – was ich oft am eigenen Leib erlebt habe. Wenn man um den heißen Brei herumgeredet hat und ich erkennen musste, dass ich selbst der heiße Brei bin. „Ja und sind Sie … also ihre Eltern, darf ich fragen … also ihre Wurzeln sind die …" – und ich abkürzen musste, um dem Fragenden die Qualen zu lindern.

Das Thema verträgt auch deswegen keine Hektik, weil es uns über Jahre erhalten bleiben wird. Zudem ist es ja nicht unvorhergesehen auf uns zugekommen. Ländern wie Italien und Spanien durch ein Dublin Abkommen, die Probleme flüchtender Menschen zu überantworten, ist nicht lange haltbar, ohne auch selbst Verantwortung zu übernehmen. Dabei sollte auch nicht in den Hintergrund treten, um welche Situation es geht. Dass es in Syrien einen geopolitischen Mehrfrontenkrieg gibt, der schmutzig, brutal und erbarmungslos geführt wird, ist Realität. Genauso das jahrelange Elend in den Auffanglagern in der Türkei, Jordanien und Libanon. Der UNO die Gelder für die Unterhaltung der Lager zu kürzen war nicht nur beschämend, sondern auch politischer Murks. Von UNO-Seite wurde darauf hingewiesen, dass sich die Flüchtenden in Bewegung setzen würden, wenn sie es in den Lagern nicht mehr aushalten.

Dass sich in unserem Gesetzbuch ein Asylparagraph befindet, hat einen ernsthaften historischen Hintergrund. Dabei geht es um Verantwortung. Deplatziert wirkt in diesem Zusammenhang das gutgemeinte Beklatschen von ankommenden Flüchtenden am Münchener Hauptbahnhof, als wären die gerade ins Ziel eines Marathons eingelaufen. Es geht um mehr – vor allem: die Verantwortung hört auch nicht so schnell auf. Integration ist eine langfristige Angelegenheit. Die Rückkehr in Länder wie Syrien oder Afghanistan ist ungewiss. Unsere Gesellschaft formiert sich gerade neu und manche sind darüber erstaunt und gedanklich überfordert. Hierbei wäre es hilfreich, antiquierte Ansichten über Bord zu werfen, wenn die Integration gelingen soll.

Dazu gehört die anfangs erwähnte Selbstverständlichkeit, dass Menschen ausländisch aussehen und deutsch sein können. In diesem Zusammenhang finde ich es übrigens auch befremdlich, wenn Menschen, die hier aufwachsen, sich ausschließlich einer anderen Nationalität zugehörig fühlen. Einer gemischten lebendigen Gesellschaft ist diese Denkweise sicherlich nicht zuträglich. Berührungsängste sollten auch in anderen Hinsichten abgebaut werden, wie zum Beispiel bei der Religion. Ob jemand Christ, Moslem, Jude oder Buddhist ist, ist seine Privatsache. Dieser Scheindebatte dürfen wir nicht auf den Leim gehen. Es muss egal sein, an was jemand glaubt. Die Trennung von Staat und Kirche empfinde ich als eine der zentralen Errungenschaften unserer Gesellschaft.

Integration funktioniert besser, wenn sich die Ankommenden klar orientieren können. Wenn wir als Gesellschaft wissen, welche Werte und Überzeugungen für uns unverhandelbar sind. Menschen aus anderen Kulturkreisen selbstverständlicher zu behandeln, heißt auch: nicht für alles Verständnis aufbringen zu müssen. Ich will kein Verständnis dafür haben müssen, dass in Familien, die hier leben, Frauen nicht dasselbe dürfen, wie die Männer dieser Familie. Ich will auch nicht nachvollziehen müssen, dass junge Frauen auf die Erlaubnis ihres Vaters bei der Partnerwahl angewiesen sind.

In meiner Familie war das glücklicherweise nicht der Fall und mein Vater ist auch nicht so traditionell. Ich kenne allerdings Seiten an meinem Vater, die sehr patriarchal geprägt sind – was kein Alleinstellungsmerkmal für Migranten ist. Zu seinem eigenen, wie auch zum Glück all meiner Geschwister und meiner Mutter, konnte er sich damit aber niemals nachhaltig durchsetzen. Zu lebendig wurde in unserer Familie diskutiert und gestritten. Ich achte meinen Vater gerade dafür, dass er sich anderen Wahrheiten nicht engstirnig entgegengestemmt hat. Das konnte nur passieren, weil unsere Familie durchlässig war.

Für diese Durchlässigkeit maßgeblich ist die Sprache. Wer kein deutsch spricht ist in seinem gesellschaftlichen Radius deutlich eingeschränkt. Die Sprache finde ich eines der wichtigsten Elemente bei der Integration, weswegen ich auch beim Berliner Landesamt für Gesundheit und Soziales Sprachkurse für Flüchtende gegeben habe. Ohne gemeinsame Sprache funktioniert keine bunte, offene Gesellschaft. In den letzten Jahrzehnten Integrationsgeschichte war dies für mich einer der größten Versäumnisse. Wir leben in einer Demokratie. Man muss miteinander reden und streiten können.

„Integration funktioniert besser, wenn sich die Ankommenden klar orientieren können. Wenn wir als Gesellschaft wissen, welche Werte und Überzeugungen für uns unverhandelbar sind. Menschen aus anderen Kulturkreisen selbstverständlicher zu behandeln, heißt auch: nicht für alles Verständnis aufbringen zu müssen."

Patrick Khatami